国家出版基金项目
NATIONAL PUBLICATION FOUNDATION

革命先辈家书家训丛书

《革命先辈家书家训丛书》编写组 编著

革命传统教育读本

青少年成长修身指南

图书在版编目（CIP）数据

革命先辈家书家训丛书：革命传统教育读本 青少年成长修身指南 /
《革命先辈家书家训丛书》编写组编著；
—北京：中国青年出版社，2021.1
ISBN 978-7-5153-6235-9
Ⅰ.①革… Ⅱ.①革… Ⅲ.①革命传统教育—中国—青少年读物 Ⅳ.①D642-49
中国版本图书馆CIP数据核字（2020）第236500号

革命先辈家书家训丛书：
革命传统教育读本 青少年成长修身指南

作　　者：《革命先辈家书家训丛书》编写组
责任编辑：周　红
美术编辑：杜雨萃
出　　版：中国青年出版社
发　　行：北京中青文文化传媒有限公司
电　　话：010-65511270/65516873
公司网址：www.cyb.com.cn
购书网址：zqwts.tmall.com
印　　刷：大厂回族自治县益利印刷有限公司
版　　次：2021年1月第1版
印　　次：2021年1月第1次印刷
开　　本：787×1092　1/16
字　　数：683千字
印　　张：58.5
书　　号：ISBN 978-7-5153-6235-9
定　　价：118.00元

编者说明

一、这是一部书信赏析集。共3册，分为革命家书一、革命家书二和革命家训，共收录革命领袖、革命先辈、开国元帅和革命英烈书信130多封，家训50多份。

二、本丛书所收书信正文，根据已经公开出版的《毛泽东书信选集》《周恩来书信选集》等刊印。所收书信，均按每位写信人书信写作时间先后顺序编排。

三、为便于阅读检索，每封书信在收录本丛书时，都由编者根据书信内容另拟了标题。为便于阅读学习和理解书信原文，在每位写信人首封入选书信的前面，附有写信人的生平简介。部分书信还附有手迹原件的影印照片。在每封书信之后所附的“品读导航”，则主要向读者简要介绍书信写作的时代背景，写信人、收信人的基本情况及书信的主要内容等。书中所附的“故事分享”，则收录当代学生们的一些真情感悟和作文，贴近现实，让读者在阅读学习书信的同时，激发互相学习、共同奋斗的力量。

四、为便于检索，本丛书在第一册前面配有总目录，每册均有各册独立的分册目录。

五、因资料及时间所限，疏漏之处在所难免，恳请广大读者指正。

总目录
contents

革命家书一

CONTENTS

总目录

CONTENTS

总目录

CONTENTS

革命家书二

总目录

CONTENTS

总目录

CONTENTS

总目录

CONTENTS

总目录

CONTENTS

总 目 录

CONTENTS

总目录

CONTENTS

总目录

CONTENTS

总目录

CONTENTS

革命家训

总目录

CONTENTS

总目录

CONTENTS

总 目 录

CONTENTS

总目录

CONTENTS

总目录

革命家书

一

革命先辈家书家训丛书

《革命先辈家书家训丛书》编写组 编著

国家出版基金项目
NATIONAL PUBLICATION FOUNDATION

革命传统教育读本
青少年成长修身指南

『十三五』国家重点出版物出版规划项目

中国青年出版社
CHINA YOUTH PRESS

图书在版编目（CIP）数据

革命先辈家书家训丛书：革命传统教育读本 青少年成长修身指南·革命家书一 /
《革命先辈家书家训丛书》编写组编著；
—北京：中国青年出版社，2021.1
ISBN 978-7-5153-6235-9
Ⅰ.①革… Ⅱ.①革… Ⅲ.①革命传统教育—中国—青少年读物 Ⅳ.①D642-49
中国版本图书馆CIP数据核字（2020）第236500号

革命先辈家书家训丛书：
革命传统教育读本 青少年成长修身指南

革命家书一

作　　者：《革命先辈家书家训丛书》编写组
责任编辑：周　红
美术编辑：杜雨萃
出　　版：中国青年出版社
发　　行：北京中青文文化传媒有限公司
电　　话：010-65511270/65516873
公司网址：www.cyb.com.cn
购书网址：zqwts.tmall.com
印　　刷：大厂回族自治县益利印刷有限公司
版　　次：2021年1月第1版
印　　次：2021年1月第1次印刷
开　　本：787×1092　　1/16
字　　数：155千字
印　　张：13.5
书　　号：ISBN 978-7-5153-6235-9
定　　价：118.00元（全3册）

目 录
contents

革命家书一

CONTENTS

目 录

CONTENTS

目 录

CONTENTS

毛泽东

（1893.12.26～1976.9.9）

伟大的马克思主义者，伟大的无产阶级革命家、战略家、理论家，中国共产党、中国人民解放军和中华人民共和国的主要缔造者，中国各族人民的伟大领袖，毛泽东思想的主要创立者。字润之，湖南湘潭人。辛亥革命爆发后，在湖南新军中当了半年兵。1913年入湖南省立第四师范学校预科。1914年2月随第四师范学校并入湖南省立第一师范学校，在此成为具有资产阶级民主主义思想的激进知识分子。后创办《湘江评论》等刊物，建立新民学会、长沙的共产党早期组织等。1921年7月出席中国共产党第一次全国代表大会。先后任中共湖南支部书记、中共湘区执行委员会书记，领导长沙、安源等地工人运动。1923年6月出席中共第三次全国代表大会，被选为中央执行委员。会后被选为中央局成员，任中央局秘书，参加中央领导工作。1924年国共合作后，在国民党第一、第二次全国代表大会上都当选为候补中央执行委员，曾在广州任国民党中央宣传部代理部长，主编《政治周报》，主办第六届农民运动讲习所。1926年11月，任中共中央农民运动委员会书记。国共合作全面破裂后，中共中央于1927年8月7日在汉口召开紧急会议，在会上提出“政权是由枪杆子中取得的”，即以武力革命夺取政权的思想，并被选为中央临时政治局候补委员。9月，到湘赣边界领导秋收起义，并在井冈山建立中国第一个农村革命根据地。1928年同朱德、陈毅领导的起义部队会师，成立工农革命军（不久改称红军）第四军，任党代表、中共军委书记。1930年红军第一方面军成立，任总政治委员、总前委书记。1931年被选为中华苏维埃共和国中央执行委员会主席。1933年1月被补选为中央政治局委员。从1930年底起，同朱德领导红一方面军战胜了国民党军队的多次“围剿”。长征途中，1935年1月在贵州遵义中共中央政治局扩大会议上，增选为中央政治局常委，确立了毛泽东在中共中央和红军的领导地位。1935年10月红军到达陕北。随后被选为中央革命军事委员会主席，担任这一职务直到逝世。1936年12月，同周恩来等促使“西安事变”和平解决，实现国共第二次合作。1937年7月全国抗日战争爆发后，以毛泽东为首的中共中央坚持统一战线中的独立自主原则，努力发动群众，开展敌后游击战争，建立了许多大块地区的抗日根据地。1942年领导全党开展整风运动。1943年3月被选为中共中央政治局主席。1945年主持召开中共第七次全国代表大会，在这次大会上，毛泽东思想被确立为中国共产党的指导思想。从七届一中全会起，一直担任中共中央主席。1945年8月赴重庆同蒋介石谈判。1946年夏蒋介石发动全面内战后，和朱德、周恩来等领导中国人民解放军从战略防御转入战略进攻，经过辽沈、淮海、平津三大战役和1949年4月渡江以后的作战，推翻了国民党政府。1949年3月，主持召开中共七届二中全会。1949年9月在中国人民政治协商会议第一届全体会议上，当选为中央人民政府主席。随后，又当选第一届全国政协主席。1949年10月1日中华人民共和国成立后，领导全国人民完成了繁重的土地制度改革和其他民主改革任务，指挥了抗美援朝战争，同时迅速恢复了国民经济。1954年，在第一届全国人民代表大会上当选为中华人民共和国主席。1958年，他发起“大跃进”和人民公社化运动。在1960年冬到1965年对国民经济进行“调整、巩固、充实、提高”期间，提出了一系列措施，初步纠正了农村工作中和其他方面“左”的错误。从50年代末开始，领导中共同苏共领导人奉行的大国沙文主义和干涉、控制中国的企图进行了坚决的斗争。70年代，提出三个世界划分的战略思想，并且开始打开对外工作的新局面。1966年，错误地发动“文化大革命”，由于形势被林彪、江青两个反革命集团操纵和利用，使中国许多方面受到严重的破坏和损失。1976年9月9日在北京逝世。1981年6月，中共十一届六中全会通过的《关于建国以来党的若干历史问题的决议》指出，毛泽东同志“虽然在‘文化大革命’中犯了严重错误，但是就他的一生来看，他对中国革命的功绩远远大于他的过失。他的功绩是第一位的，错误是第二位的。他为我们党和中国人民解放军的创立和发展，为中国各族人民解放事业的胜利，为中华人民共和国的缔造和我国社会主义事业的发展，建立了永远不可磨灭的功勋。他为世界被压迫民族的解放和人类进步事业作出了重大的贡献”。主要著作收入《毛泽东选集》（四卷）、《毛泽东文集》（八卷）、《毛泽东诗词集》等。

趁着年轻，多学习自然科学

——致毛岸英、毛岸青

1941年1月31日

岸英、岸清[①]二儿：

很早以前，接到岸英的长信，岸清的信，岸英寄来的照片本，单张相片，并且是几次的信与照片，我都未复，很对你们不起，知你们悬念。

你们长进了，很欢喜的。岸英文理通顺，字也写得不坏，有进取的志气，是很好的。惟有一事向你建议，趁着年纪尚轻，多向自然科学学习，少谈些政治。政治是要谈的，但目前以潜心多习自然科学为宜，社会科学辅之。将来可倒置过来，以社会科学为主，自然科学为辅。总之注意科学，只有科学是真学问，将来用处无穷。人家恭维你抬举你，这有一样好处，就是鼓励你上进；但有一样坏处，就是易长自满之气，得意忘形，有不知脚踏实地、实事求是的危险。你们有你们的前程，或好或坏，决定于你们自己及你们的直接环境，我不想来干涉你们，我的意见，只当作建议，由你们自己考虑决定。总之我欢喜你们，望你们更好。

---

① 岸英，即毛岸英，毛泽东的长子。岸清，即毛岸青，毛泽东的次子。

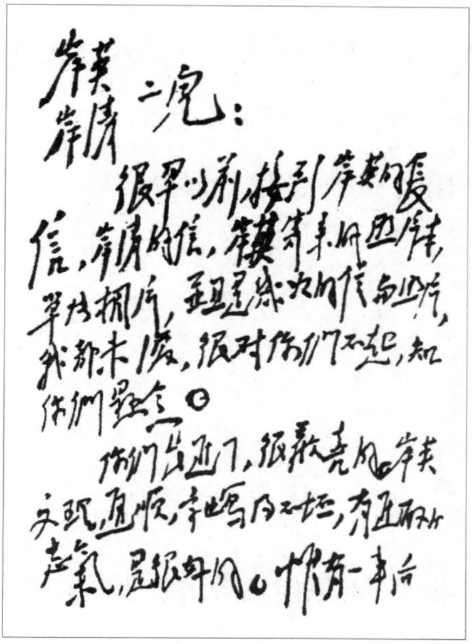

岸英
岸青 二儿：

很久以前接到岸英的长信，岸青的信，岸英寄来的照片本，单张相片，并且是很久以前的信与照片，我都未复，很对你们不起，知你们悬念。

你们长进了，很欢喜的。岸英文理通顺，字也写得不坏，有进取的气概，是很好的。惟有一事向

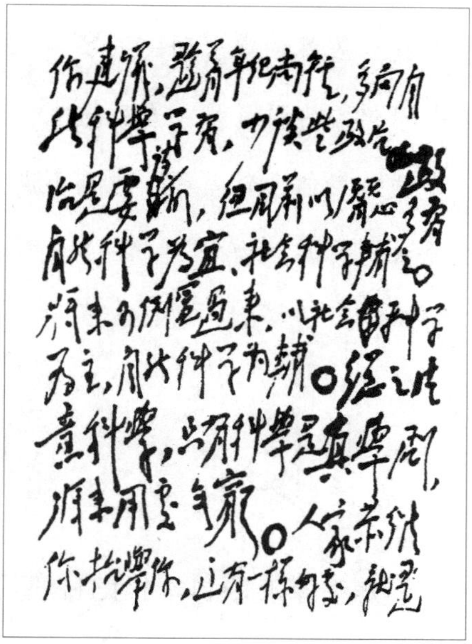

你建议，趁着年纪尚轻，多向自然科学学习，少谈些政治。政治是要谈的，但目前以潜心多习自然科学为宜，社会科学辅之。将来可倒置过来，以社会科学为主，自然科学为辅。总之注意科学，只有科学是真学问，将来用处无穷。人家恭维你抬举你，这有一样好处，就是

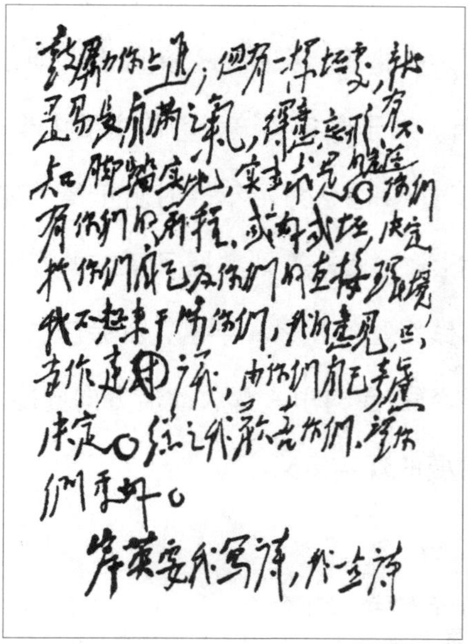

鼓励你上进；但有一样坏处，就是易长自满之气，得意忘形，有不知脚踏实地、实事求是的危险。你们有你们的前程，或好或坏，决定于你们自己及你们的直接环境，我不想来干涉你们，我的意见只当作建议，由你们自己考虑决定。总之我欢喜你们，望你们更好。

岸英要我写诗，我一点诗

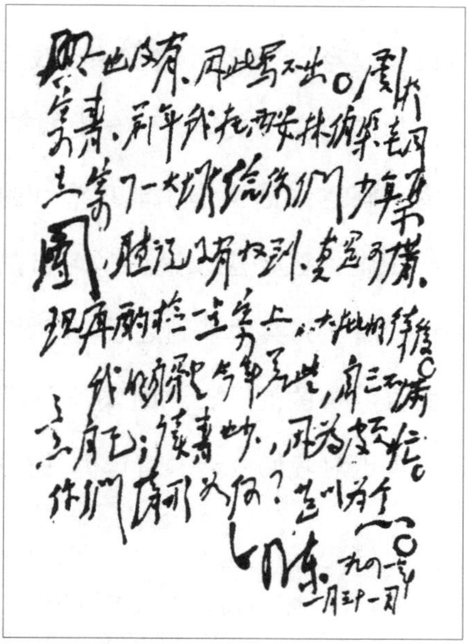

兴也没有，因此写不出。关于寄书，前年我托西安林伯渠老同志寄了一大批给你们，据说没有收到，真是可惜。现再酌检一些寄上，大批的待后。

我的身体今年好些，自己觉得有些进步，读书甚少，因为忙的缘故。你们情形如何？甚以为念。

毛泽东
一九四一年一月三十一日

岸英要我写诗，我一点诗兴也没有，因此写不出。关于寄书，前年我托西安林伯渠老同志寄了一大堆给你们少年集团①，听说没有收到，真是可惜。现再酌检一点寄上②，大批的待后。

我的身体今年差些，自己不满意自己；读书也少，因为颇忙。你们情形如何？甚以为念。

毛泽东

一九四一年一月三十一日

【品读导航】

这是毛泽东1941年1月31日写给当时在苏联伊凡诺沃市上中学的儿子毛岸英和毛岸青的信。信中，毛泽东主张青年应“多向自然科学学习，少谈些政治”。当然，这里的“政治”，是指脱离实际的空头政治，即鲁迅认为的“空头文学家”一类的东西。对于青年应该学习的主要内容，毛泽东在这封信里作了非常精辟的分析。他认为，年轻时由于精力充沛，记忆力强，应以潜心学习自然科学为宜，等到掌握了系统的专业知识，有了充实的基础之后，随着实践经验的积累和丰富，就会产生一个为谁服务的问题，这时候则必须学习社会科学，解决政治方向问题。这个观点对我们今天的青年仍具有重要的现实意义。

---

① 少年集团，指当时在苏联学习的革命烈士子女和其他革命子弟。

② 这次寄送的图书有21种共60本，随信附有书单：精忠岳传2、官场现形记4、子不语正续3、三国志4、高中外国史3、高中本国史2、中国经济地理1、大众哲学1、中国历史教程1、兰花梦奇传1、峨眉剑侠传4、小五义6、续小五义6、聊斋志异4、水浒4、薛刚反唐1、儒林外史2、何典1、清史演义2、洪秀全2、侠义江湖6。

你在进步中，甚为喜慰
——致毛岸英

1947年9月12日

岸英儿：

别后[①]，晋西北一信，平山一信，均已收到。看你的信，你在进步中，甚为喜慰。永寿[②]这孩子有很大进步，他的信写得很好。复他一信，请你译成外国语，连同原文，托便带去。我们在此很好，我的身体比在延安要好得多，主要是脑子休息了。你要看历史小说，明清两朝人写的笔记小说（明以前笔记不必多看），可托周扬[③]同志设法，或能找到一些。我们这里打了胜仗，打得敌人很怕我们。

问你好！

毛泽东

一九四七年九月十二日

---

① 别后，毛岸英从苏联回国后，曾在延安与父亲团聚。1947年春天，毛泽东让他去山西、河北等地参加土地改革，经受锻炼，于是毛岸英又同父亲分开了。

② 永寿，即毛岸青。

③ 周扬，时任中共晋察冀中央局宣传部长。

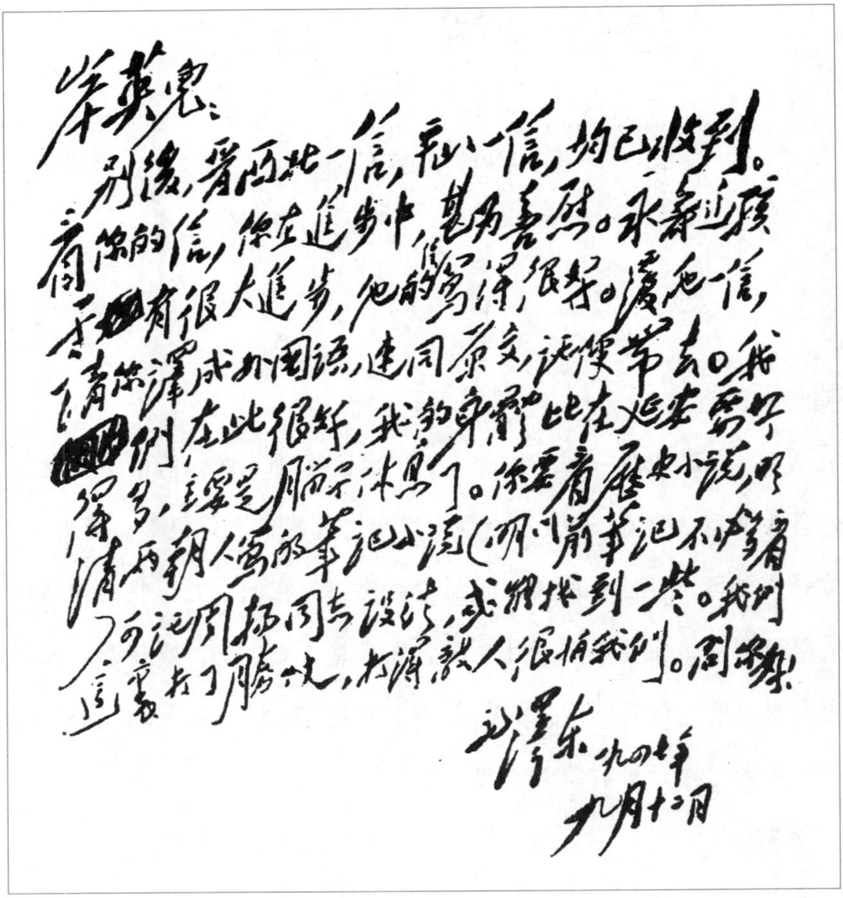

岸英：

别后，晋西北一信，兴县一信，均已收到。看你的信，你在进步中，甚为喜慰。永寿近来有很大进步，他的信写得很好。寄去一信，请你译成外国语，连同原文，托便带去。我们在此很好，我的身体比在延安时好些，主要是脑子休息了。你要看历史小说，明清两朝人写的笔记小说（明以前笔记不必看），可托周扬同志设法，或能找到一些。我们这里打了胜仗，打得敌人很怕我们。问好！

毛泽东 一九四七年九月十二日

【品读导航】

这是毛泽东转战陕北期间，于1947年9月12日写给长子毛岸英的一封信。

1947年3月，毛岸英参加中央土改工作团，先后到山西兴县、临县郝家坡搞土地改革。在那里，他和同志们一道，经过一段时间艰苦细致的思想工作，提高了农民的觉悟，成立了农会，斗地主、分田地，郝家坡的土地改革终于轰轰烈烈地开展起来了。毛岸英通过自己经历的土改运动，发现很多问题，也有很多新的感受。因此，在工作之余，他给父亲写信汇报自己的感受。这期间，在苏联学习的毛岸青也给父亲写来俄文的信。毛泽东请人译出后，觉得岸青的信写得很好，于是便回复岸青一信，因为要译成俄文，毛泽东即给岸英写了这封信。收到毛泽东的信时，毛岸英正在西柏坡参加全国土地会议，他即抽空将父亲给岸青的信译好带给了毛岸青。信捎去不久，毛岸青从苏联回到祖国。

毛泽东前后接到两封信，非常高兴。在回信表扬的同时，也要求毛岸英多看些历史小说，特别是明清两朝人写的笔记小说，明代之前的笔记小说毛泽东认为写得不好，因此不必多看。这是毛泽东给儿子读书的建议，也从中表达了他的文学鉴赏观。信的最后还谈到“我们这里打了胜仗，打得敌人很怕我们”，表明毛泽东对革命前途充满了必胜的信心。全信朴实无华，平实自然，殷殷期望、爱子之情、拳拳之心都溢于言表，令人回味。

★ 故事分享 ★

五星红旗为何鲜红

胡雨石

这周，我读了《红岩》的第一到五章。虽然只有短短的80多页文字，却深深地打动了我的心，使我了解了我们伟大先辈们是怎样“为人民服务”的，五星红旗为什么是红色的了。

在第四章中，原本怀着激动和无限期望要与丈夫相见的江姐亲眼看到了反动派张贴的写着丈夫名字的布告，看到了为了群众而牺牲的丈夫那被反动派凌辱的头颅时，相信每一个人遇此情景，都难以接受这极其残酷的事实。在那个动荡的年代里，更会使人动摇，背弃自己的信仰，开始盼望安宁、温暖、平静的生活，从而放弃为了人民、为了理想舍生忘死的斗争，背叛党和人民。然而，江姐却坚守住了自己的信仰，投身到更残酷、更危机四伏的斗争中。光凭这一点就能让人们敬佩这个年轻女子了。如果没有这样无私奉献的人，革命哪能胜利，哪能有新中国！

读完这一章，也更让我了解到，国旗为什么是由烈士的鲜血染成的。是呀！如果革命没有牺牲，革命哪能胜利，哪能为人民服务！倒下一个人，千万个人站起来，便是革命残酷的真谛。如果没有彭松涛那样的英灵，革命便不能胜利，人民将永远被反动派蹂躏在脚底。正像那气势磅礴的石刻上给人超越内心力量的大字一样：斧头劈翻旧世界，镰刀开出新乾坤。只有手持镰刀和斧头的党和人民一道，才能开出新乾坤。蹂躏人民的人，将是永远遭人唾骂、失败的人。

在中国革命史上，还有多少这样的故事被人传颂。从鸦片战争中销毁成吨鸦片、为人民服务的林则徐，到为唤醒民众而生的大作家鲁迅，再到家里牺牲了六位成员的毛泽东，他们的事迹还在被人们传颂着。然而，还有更多的人在为革命胜利默默地作出贡献，他们有些可能不为人知，但是相信每一位中华儿女的后代至今还尊敬着他们。他们那胜利的丰碑也将永垂不朽。

我们伟大的先辈们，用自己的信仰和鲜血，为我们创造了良好的条件。我们也要尽自己的努力，为祖国争光，为后代造福！

学生感言

读革命经典是我成长路上必备的精神支柱，自阅读以来的真实感受，让原本枯燥乏味的生活自此生机勃勃。

一个人只要有热情，有恒心，总会进步
——致毛岸英

1947年10月8日

岸英：

告诉你，永寿回来了，到了哈尔滨。要进中学学中文，我已同意。这个孩子很久不见，很想看见他。你现在怎么样？工作，还是学习？一个人无论学什么或作什么，只要有热情，有恒心，不要那种无着落的与人民利益不相符合的个人主义的虚荣心，总是会有进步的。你给李讷[①]写信没有？她和我们的距离已很近，时常有信有她画的画寄的，身体好。我和江青都好。我比上次写信时更好些。这里气候已颇凉，要穿棉衣了。再谈。

问你好！

毛泽东

一九四七年十月八日

① 李讷，毛泽东的女儿。1947年3月随中央机关家属子女撤出延安，毛泽东写这封信时她在山西兴县。

【品读导航】

这是毛泽东1947年10月8日写给毛岸英的信，当时毛岸英正在西柏坡参加全国土地会议。

这是一封充满着家庭亲情的信。信中谈到了儿子、女儿的情况：对岸青是“这个孩子很久不见，很想看见他”。对女儿李讷更是十分爱怜，“你给李讷写信没有？”“时常有信有她画的画寄的”。最后，毛泽东又以一个父亲的口吻告诉孩子，他和江青都好，并说这里“要穿棉衣了”。由此我们可以看出，毛泽东的情感世界是多么的丰富！

这封信里“一个人无论学什么或做什么，只要有热情，有恒心，不要那种无着落的与人民利益不相符合的个人主义的虚荣心，总是会有进步的”一段话，更是让毛岸英牢记在心，摘录在自己日记本和笔记本的扉页上，当作他的座右铭。其实，这又何尝不是对我们每个人的谆谆教诲呢！

我十分眷念外家诸兄弟子侄
——致文运昌[①]

1937年11月27日

运昌吾兄：

莫立本[②]到，接获手书，本日又接十一月十六日详示，快慰莫名，八舅父母仙逝，至深痛惜。诸表兄嫂幸都健在，又是快事。家境艰难，此非一家一人情况，全国大多数人皆然，惟有合群奋斗，驱除日本帝国主义，才有生路。吾兄想来工作甚好，惟我们这里仅有衣穿饭吃，上自总司令下至火夫，待遇相同，因为我们的党专为国家民族劳苦民众做事，牺牲个人私利，故人人平等，并无薪水。如兄家累甚重，宜在外面谋一大小差事俾资接济，故不宜来此。道路甚远，我亦不能寄旅费。在湘开办军校，计划甚善，亦暂难实行，私心虽想助兄，事实难于做到。前由公家寄了二十元旅费给周润芳，因她系泽覃[③]死难烈士（泽覃前年被杀于江西）之妻，故公家出此，亦非我私人的原故，敬祈谅之。我为全社

① 文运昌，又名文咏昌、文润昌，毛泽东的表兄，是毛泽东舅父文玉清的次子。
② 莫立本，即方克，当时是从湖南长沙去延安的一位青年。
③ 泽覃，即毛泽覃，毛泽东的弟弟。第二次国内革命战争时期曾任中共苏区中央局秘书长、中央苏区独立师师长。1935年牺牲。

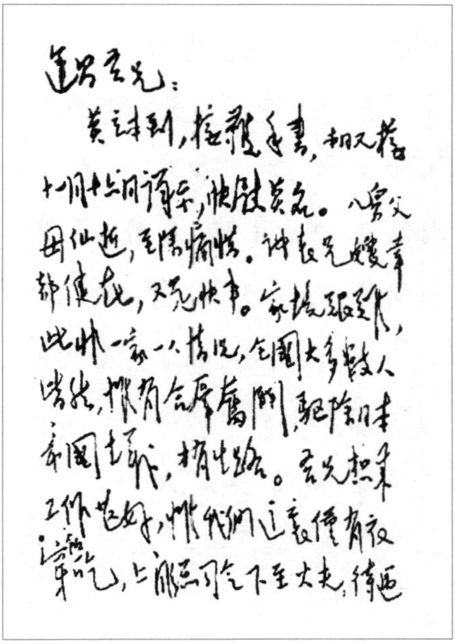

运昌吾兄：

贵使来到，接获手书，本又接十月廿六日详示，快慰莫名。八舅父母仙逝，至深痛惜。诸表兄嫂幸都健在，又足快事。家境艰难，此非一家一人情况，全国大多数人皆然，惟有合群奋斗，驱除日本帝国主义，才有生路。吾兄想来工作甚好，惟我们这里仅有饭吃，上自总司令下至火夫，待遇

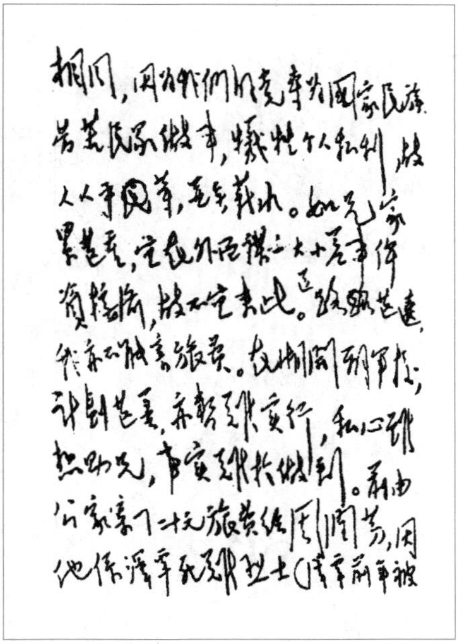

相同，因为我们的党是为国家民族劳苦民众做事，牺牲个人私利，故人人平等，并无薪水。如兄家累甚重，宜在外面谋一大小差事俾资接济，故不宜来此。路途甚远，我亦不能寄旅费。[illegible]计划甚善，亦暂难实行，私心强想助兄，事实是难于做到。前由公家寄了二十元旅费给周润芳，因她系泽覃死难烈士（泽覃前年被

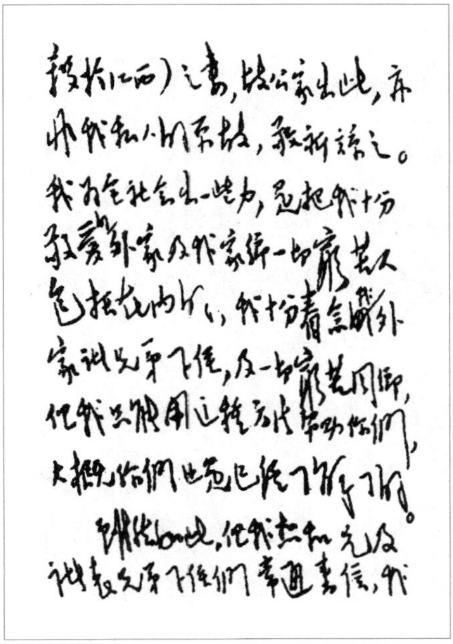

杀于江西）之妻，故公家出此，亦非我私人的交情，敬祈谅之。我为全社会出一些力，是把我十分敬爱的外家及我家乡一切穷苦人包括在内的，我十分眷念我外家诸兄弟子侄，及一切穷苦同乡，但我只能用这种方法帮助你们，大概你们也是已经了解了的。

虽然如此，但我如能和兄及诸表兄弟侄们常通书信，我

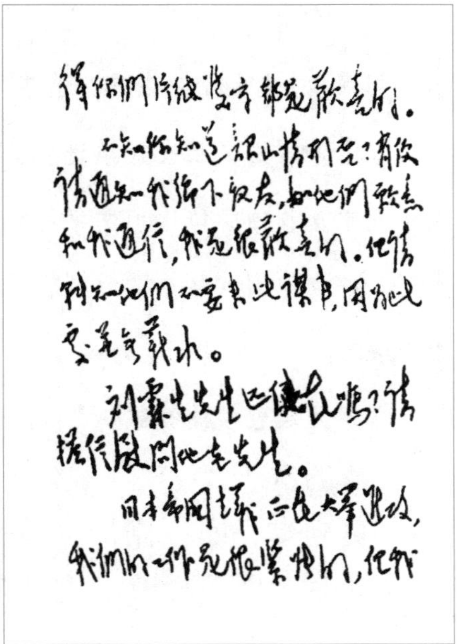

得你们片纸只字都是欢喜的。

不知你知道润生情形否？有便请通知我给他去信，如他们能来和我通信，我是很欢喜的。但请转知他们不要来此谋事，因为此处是无薪水。

刘霖生先生还健在吗？请代我问他老先生好。

日本帝国主义正在大举进攻，我们的工作是很紧张的，但我

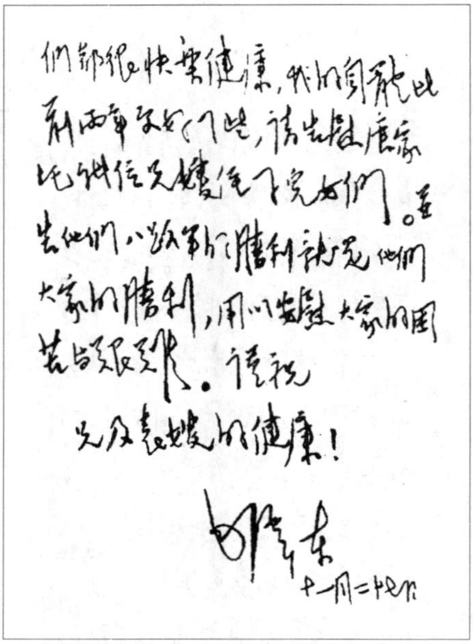
们都很快乐健康，我的身体比
前两年更好了些，请告慰唐家
圫诸位兄嫂侄儿女们。并
告他们八路军的胜利就是他们
大家的胜利，用以安慰大家的困
苦与艰难。谨祝
兄及表嫂的健康！
毛泽东
十一月二十七日

会出一些力，是把我十分敬爱的外家及我家乡一切穷苦人包括在内的，我十分眷念我外家诸兄弟子侄，及一切穷苦同乡，但我只能用这种方法帮助你们，大概你们也是已经了解了的。

虽然如此，但我想和兄及诸表兄弟子侄们常通书信，我得你们片纸只字都是欢喜的。

不知你知道韶山情形否？有便请通知我乡下亲友，如他们愿意和我通信，我是很欢喜的。但请转知他们不要来此谋事，因为此处并无薪水。

刘霖生[1]先生还健在吗？请搭信慰问他老先生。

日本帝国主义正在大举进攻，我们的工作是很紧张的，但我们都很快乐健康，我的身体比前两年更好了些，请告慰唐家圫诸位兄嫂侄子儿女们。并告他们八路军的胜利就是他们大家的胜利，用以安慰大家的困苦与艰难。

谨祝兄及表嫂的健康！

毛泽东

十一月二十七日

① 刘霖生，毛泽东和文运昌的表兄。曾任湘乡县女子职业学校校长、湘乡县临时参议会议长等职。

【品读导航】

毛泽东先后接到表兄文运昌的两封来信，甚是高兴，“快慰莫名”。这是毛泽东自长征以来第一次接到来自家乡的书信，从而知道了亲人的近况。他抑制不住激动的心情，在收到文运昌的第二封信后，即挥毫疾书，一气呵成，写就此信。信的字里行间充满了对家乡及亲人们的眷念之情，也充满了革命的乐观主义精神。

毛泽东知道亲人家境贫寒后，也谈及根据地的艰难。他说，我们的党是为劳苦民众做事的，不管是总司令，还是火夫，在这里人人平等，没有薪水，所以虽然很愿意和家乡亲人通信，“但请转知他们不要来此谋事”。信中，毛泽东特别问及“刘霖生先生”并托人“搭信慰问”他。身处千里之外的毛泽东为什么记挂着这位“表兄”呢？刘霖生是湘乡县南薰乡祝赞桥人，大革命时期，对中国共产党曾寄予很大的同情，并鼓励和支持子侄刘朝佑等参加农民运动。刘霖生文思敏捷，刚毅耿直，在乡民中颇有声望，与毛泽东家往来密切。1920年11月，毛泽东的父亲毛顺生去世时，毛泽东因在外开展革命活动，未能回家奔丧，主要由其弟毛泽民和刘霖生在家操持丧事，办得非常得体，深得毛氏家族称道。毛泽民就义后，又是刘霖生代毛泽民的妻子王淑兰撰写挽联，表达对死者的怀念和赞颂。毛泽东对刘霖生充满感激之情，故有此一问。

文运昌收到毛泽东的来信后，深受鼓舞。由于日军占领长沙，文运昌携亲人流落他乡，耕作度日。直到1949年8月湖南解放，他才回到湘乡老家。

这期间，毛泽东一直在领导抗日民族解放运动，后又指挥人民解放军与国民党军决战。他虽无暇与亲人通信，但内心时常眷念亲人。1949年10月，毛泽东的堂弟毛泽连到北京看望毛泽东时，毛泽东还特意问起文运昌的情况，并请他代向文家亲友及文运昌致以问候。

★ 故事分享 ★

渣滓洞里有红五星

刘昆玉

渣滓洞里的生活极其艰苦，只有污黄发臭的霉米饭，而且敌人还有意致使狱中缺水。因此，在极度干渴之下的吃饭，竟成了一种战斗，一种不屈服于迫害的战斗，但每一个共产党员都有顽强的斗争意志和不屈的决心。

在不懈的努力下，水坑终于挖成了。大家纷纷来舀水，其中一位姑娘的行为，让我敬佩不已：她用漱口缸，舀了一缸水，迟疑了片刻，又蹲下身子，把缸里的水，往水潭中倒回了一些，她不愿意把水舀得太多，想留给更多的战友取用。其实，她也同样缺水，但她心里想着的，却是她的战友。

可是好景不长，一个特务出现了，把几团污泥踢进了水坑，我的心“刷”的一下凉了，心想：好不容易用指尖一点一点挖开的水坑，就要消失了。就在此时，一个身影，立刻出现在我面前：龙光华为了保卫人民的利益，挺身上前，与特务斗争起来。

满身鲜血的龙光华，渐渐地，看到阵阵金光在眼前闪耀，接着，变成无数的红旗，在眼前飘舞。数不清的人民解放军战士，欢呼着，挥动着乌黑发亮的冲锋枪，从眼前冲过去。他完全忘记了集中营，忘记了躺在身边的苦难中的战友。

他贴胸的上衣口袋里，装着一小块硬东西，一颗红色的五角星，他将它珍藏在胸口，珍藏在他心间。

渣滓洞里，此刻有一种力量，这力量正团结着集中营里所有的战友。虽然，这种力量是看不见的，然而从那些病弱的战友的脸上，从毫无怨言地承受任何考验的斑斑伤痕中，从显示每一个人的意志与决心的合唱里，都可以感触到这无形却百折不挠、绵延不绝的精神力量。

我想，那就是心中的红五星。

学生感言

我终于明白：越是困难的时候，越需要坚定不移的精神去克服，越是铺满荆棘的道路，越需要我们去开拓。

一切按正常规矩办理，不要使政府为难
——致杨开智[1]

1949年10月9日

杨开智先生：

希望你在湘听候中共湖南省委分配合乎你能力的工作，不要有任何奢望，不要来京。湖南省委派你什么工作就做什么工作，一切按正常规矩办理，不要使政府为难。

毛泽东

十月九日

【品读导航 ✎】

这是毛泽东1949年10月9日写给妻兄杨开智的一封信。

新中国成立初期，杨开智在湖南某农场工作期间给毛泽东写信，希望能在北京给他安排一份工作，或在湖南谋到一个“位置”。毛泽东接到杨开智的来信后，严肃地拒绝了他的这种要求。毛泽东从来不利用自

① 杨开智，毛泽东夫人杨开慧之兄。

己的地位和权力为亲友们开方便之门。他办事是很讲究原则的，“做事以事论，私交以私交论，做事论理，私交论情”。“力只可以用于法，用于法则有效；力不可用于私之交，用于私人之交谊绝对无效。岂惟无效，反动随之矣。”毛泽东最反对旧社会的那种裙带关系，因此，对于他的亲友中可能滋长的这种情绪苗头，他非常注意，也看得很重。这封信就表现了人民领袖坚持原则、毫不徇私的公心理念。

★ 故事分享 ★

方圆里的中国人

马子麒

读书讨论会后，我又重新思考《四世同堂》。

由瑞宣开始。的确，他的心情可以说是大部分中国人的写照。但他不仅是矛盾的，更是幸运的。他虽被夹在家与国之间，但不能说他是失败的。论家，他养活了四世同堂的大家族，这在战争年代是值得骄傲的；论国，他因自己的才华而能在英国府做事——至少不用为日本人做事，违心地成为汉奸。同时，三弟瑞全是对他最大的安慰。他至少可以自豪地说，他不是汉奸，而且最亲的三弟还是抗战前线的战士！

但，野求呢？因国与家的矛盾，他不得不去吸鸦片——因此丢了家，丢了工作，当然，也早就为家而丢了国……他虽还活着，却已如行尸走肉。

总的来说，直至战争结束，瑞宣仍没能作出选择——他只是在抉择，或说在逃避，最终也没有作出一个决定。但残酷的战争最终仍是容许了他的犹豫，甚至直至结束也没有逼他决定——家，还是国。也许因他出众的才干，也许是因他的幸运。然而，对更多人而言，战争中，必须要做选择——要么为国舍家，要么为家舍国——为国舍家，像钱老人、高第，他们心安理得；为家舍国，不仅有那些汉奸们，也有野求这样的人。汉奸们，因他们心中无国，也是“心安理得”地做汉奸；而野求这样的更多中国青年，是因家国的矛盾而失去了希望，最终因此也失去了生命，舍弃心中的“国”而换来的“家”，无疑，也必亡。

老舍先生对于瑞宣的感情似乎也是矛盾的。他让瑞宣的心被家国的矛盾扯碎，同时又让瑞宣的优柔寡断，同他的家、他的国，都在残酷的战争中存在下去。不妨设想，若战事时间再长些，也许瑞宣也不能如此继续逃避下去——他也许会成为下一个野求，而那时四世同堂这样一个家族，也就彻底破碎了。即使他真的作出正确的选择，一家老少也不知何去何从……但这一家人的生命至少换回自己的心——即使最正确的选择，也需要血的代价！

想必历史中，瑞宣这样幸运的人并不能有几个吧。大部分人也许会像野求——野求的命运，是最令人沉痛的——也许，这是只属于中国人的命运悲歌。

因为中国人的本性，儒家告诉他们忠、孝，告诉他们追求完美；道家告诉他们自然生息的完满，告诉他们相反即相成。道家给予他们“外圆”，儒家给予他们“内方”……

外圆内方，天圆地方。古建筑、古钱……无一不体现着这种特殊的处世哲学。于是，儒与道，又碰撞出了中庸。

然而，战争会要求人们作出选择。人们早已习惯的“中庸”的生活态度与“外圆内方”的文明被搅得天翻地覆。战争中不存在中庸，外圆则不能内方，内方则不能外圆……

北平的城墙，它的古朴，它的美丽，再不能保护城里的人及北平城的文化……

战争面前，人们要开始勇敢地面对抉择……

学生感言

生命可以是一片汪洋，像钱老人，即便前半生都是风平浪静，却也难以隐藏他爱国情怀的汹涌澎湃，难以阻挡他的人生后半程泛起惊涛骇浪。他本应该任生命伴随着岁月走向衰败，然而他却走上了完全不同的道路，因为心里拥有无上的追求与信念，即便是风烛残年，那生命也闪耀着无比灿烂而坚毅的光芒。

希望赶快回到爸爸身边来
——致李敏

1949年

娇娇[1]：

看到了你的来信很高兴。

你是我亲生女儿，我是你的亲生父亲。你去苏联十多年一直未见过面，你一定长大了长高了吧？爸爸想念你，也很喜欢你，希望赶快回到爸爸身边来。爸爸已请贺怡[2]同志专程去东北接你了，爸爸欢迎你来。

毛泽东[3]

【品读导航】

李敏是毛泽东与贺子珍的女儿，小名“姣姣”，又称“娇娇”。毛泽东给女儿李敏写的这封信的抬头用的便是“娇娇”。

1936年冬，李敏出生后，由母亲贺子珍抚育，并一直生活在毛泽

① 娇娇，即李敏，毛泽东的长女，当时刚从苏联回国。
② 贺怡，贺子珍的妹妹。
③ 原信未署时间，当为1949年春夏之交。

东身边。毛泽东对这个瘦弱的女儿很是喜爱。一年后，因生活变故，贺子珍离开延安，离开毛泽东，去苏联治病和学习。贺子珍到苏联后不久，便生下一男孩，男孩因患病未能及时治疗而夭折。这一打击，使贺子珍陷入极度的孤独和悔恨之中。为了安慰贺子珍，经毛泽东同意，1940年，4岁的娇娇从延安来到了莫斯科贺子珍身边。不久，由于娇娇生病，贺子珍怕再次失去女儿，与苏联国际儿童院的负责人发生争吵，被强行拖入精神病院。以后的日子，娇娇在国际儿童院开始了一种孤儿般的生活。

1948年底，解放战争取得了决定性的胜利。不久，贺子珍带着女儿回国，住在东北。此时的娇娇已13岁，对爸爸的印象已很淡漠了。现在突然要去北平见爸爸，高兴之余，又有点害怕和不相信，便写信给爸爸。毛泽东接到娇娇的来信，拆开一看，全是一行行的俄文，歪歪扭扭，一个也不认识，毛泽东请人翻译，弄清了信中的意思后，感到女儿很天真、很可爱，于是他立即回了这封信，并以加急电报发出。娇娇终于离开东北，取道大连、天津，到达北京的香山双清别墅。娇娇看见身材魁梧而又慈祥可敬的爸爸和画报上的毛主席一模一样，知道这就是自己日夜思念的父亲，激动地扑了上去，叫了声“爸爸”，就依偎在父亲的怀抱里了。这封信反映的正是这一段感人的故事。

运昌兄的工作，不宜由我推荐

——致文南松[1]

1950年5月12日

南松表兄：

正月来信收到了，感谢你的好意。运昌[2]兄给我多次信，我回了一信，寄南县白蚌口，不知他收到没有？运昌兄的工作，不宜由我推荐，宜由他自己在人民中有所表现，取得信任，便有机会参加工作。十哥、十七哥[3]还在否？十一哥[4]健在甚慰，他有信来，我已回了一信，不知他收到否？你说乡里缺粮，政府不发，不知现在怎么样？还是缺粮吗？政府一点办法也没想吗？来信时请详为告我。

此复，即问

近安

毛泽东

一九五〇年五月十二日

---

① 文南松，毛泽东的表兄。
② 运昌，即文运昌。
③ 十哥，即文泮香，毛泽东的表兄。十七哥，即文枚清，毛泽东的表兄。
④ 十一哥，即文涧泉，毛泽东的表兄。

【品读导航】

毛泽东的表兄文南松读书不多，但非常尊重读书人。在他的心目中，二哥文运昌是应该有作为有出息的。于是他提笔写信给毛泽东，希望给运昌兄找一个合适的工作，或推荐也可以，同时也提及乡下缺粮的事，希望表弟毛泽东能够过问一下。

毛泽东收到文南松的来信后，于1950年5月12日亲笔作了回复。毛泽东是从来不利用手中的权力为亲友们谋什么好处的，所以婉拒了文南松来信中推荐文运昌参加工作的要求。但对文南松反映的另一个问题，却非常重视，因为这是关系到人民群众吃饭的大问题。毛泽东对于文家诸表兄是非常挂念的，还多次带口信请文南松到北京做客，遗憾的是文南松因体弱多病，始终未能与毛泽东在京相见。1952年2月，文南松病逝，毛泽东听到后非常难过，托人带钱作为安葬费用。后来，文南松的妻子文刘氏应邀到北京，饱览了首都的名胜古迹，并与毛泽东合影留念。

诊病完了即回韶山为好

——致毛泽连、毛远悌[1]

1951年12月11日

泽连、远悌：

来信收到。

慰生六婶[2]及泽连均不要来京，也不宜在长沙住得太久，诊病完了即回韶山为好。现在人民政府决定精简节约，强调反对浪费，故不要来京，也不要在长沙住得太久。

泽连家境困难，将来再设法略作帮助，目前不要靠望。

远悌在印厂工作，可在工作余暇进行学习。

请你们代我问六婶好！

祝你们都好！

毛泽东

十二月十一日

---

① 毛泽连，毛泽东的堂弟。毛远悌，毛泽东的远房侄子。
② 慰生六婶，毛泽连的母亲，当时患病在长沙治疗。

【品读导航】

这是毛泽东1951年12月11日写给堂弟毛泽连和侄儿毛远悌的一封回信。

毛泽东离开韶山几十年未曾回去，他对故乡的眷恋及对亲人的思念也伴随了他几十年。当毛泽连作为韶山的客人第一次到北京后，毛泽东是按捺不住心中的喜悦的。兄弟相见，无所不谈，不时传出爽朗的笑声。当发现毛泽连的眼睛几近失明时，毛泽东安排他住进协和医院治疗，使他右眼的视力恢复了很多。

毛泽连在北京的日子过得很快，转眼就两个月有余。临上车时，毛泽东一再叮嘱毛泽连，如有困难，不要麻烦政府，你是我的亲戚，凡事要带个好头。毛泽连回乡后，谨记叮嘱，没有去找政府。倒是湘潭县委主动关心，将患病的毛泽连的母亲送到县医院治疗。一段时间后，病情未见好转，便又转到长沙治疗，仍未见明显疗效。此时，毛泽连想到自己在北京诊病使得视力恢复的情况，想将母亲转到北京治疗，便与在长沙工作的远房侄子毛远悌商量，写信给毛泽东谈了自己的想法。毛泽东收到信后，当时就拒绝了。不仅“不要来京”，同时还要求“不宜在长沙住得太久，诊病完了即回韶山为好”，理由是“现在人民政府决定精简节约，强调反对浪费”。毛泽连听从主席的话，和母亲回到了韶山。不久，毛泽东从自己的稿费中拿出200元钱，给毛泽连寄去，帮他母亲治病。“慰生六婶”知道这治病的钱是毛泽东寄来的后，感动得热泪盈眶。

★ 故事分享 ★

战 士

单梦伊

当我刚开始看《四世同堂》时，钱默吟诗人给我的印象是一个只会赋诗作画、饮酒品茗、侍花弄草的闲逸老人。但是很快我就发现我错了。

也许和平时期的钱诗人真的是这样的，但是，战争的残暴使这个老人脱胎换骨，披上盔甲，成为一名勇敢、忠诚的战士。

他曾经说过："若北平是树，我便是花。树都已经没有了，花又如何活下去？"在他心中，北平和他自己已经连为一体了。北平是他今生永远的家乡。他又怎能容忍可恶的日本人侵占了他深深爱着的北平。

其实，他不是没有家，他有两个儿子和体弱的妻子，他们都需要他。钱默吟是爱家的，但是更爱国。他明白，没有国就没有家。与其在日本人的魔爪下苟且偷生，不如去反抗，去尽自己一份微薄的力量。

很多人觉得，他与其去抗日，不如待在家里好好照顾家人，抗日的队伍少了他一个也没有什么。但是，无论如何高大的城墙不都是由小小的砖瓦堆成的吗？少了一个人看似没有什么，但如果每个人都因为这种想法而自私地待在家里，那么就没有人会出来抗日了。

钱诗人本来就已垂垂老矣，但是，他有一颗赤诚的心。他可能无法真正地为抗日战争做出什么伟大的贡献，但他能尽自己的一份力量，这就足够了。

虽然他没有上战场亲手杀敌，但是他是一名战士。

如果当时的中国人能多一些像钱默吟或者瑞全这样真正爱国的人，中国也许就不会沦陷在日本人手中。如果大家能抛弃一些懦弱与自私的“小家”观念，也许中国就会变成一个团结、强大的国家。

如果现在的中国能多一些真正爱国的人，中国也许就不会被一些发达国家轻视；如果大家能在出国留学后仍然回到祖国，为国效力，中国将建设得越来越繁荣富强。

学生感言

历史中的亡国之耻铭刻在心，让我思考个人、祖国、世界。一个正直的中国人，无论是知识渊博的钱学森，还是北平小胡同里的一介草民，都要有中华民族的风骨，不畏淫威，为国家舍性命、舍小家也在所不惜。虽然凭钱学森文弱的体魄也许只能敌得过一个日本少年兵的进攻，但是他的才能和智慧却使他具备了美军五个师的战斗力，能击溃千军万马。

我的兴趣偏于豪放，不废婉约[1]

——致江青、李讷

1957年8月1日

（上略）

词有婉约、豪放两派，各有兴会，应当兼读。读婉约派久了，厌倦了，要改读豪放派。豪放派读久了，又厌倦了，应当改读婉约派。我的兴趣偏于豪放，不废婉约，婉约派中有许多意境苍凉而又优美的词。范仲淹的上两首，介于婉约与豪放两派之间，可算中间派吧；但基本上仍属婉约，既苍凉又优美，使人不厌读。婉约派中的一味儿女情长，豪放派中的一味铜琶铁板，读久了，都令人厌倦的。人的心情是复杂的，有所偏但仍是复杂的。所谓复杂，就是对立统一。人的心情，经常有对立的成份，不是单一的，是可以分析的。词的婉约、豪放两派，在一个人读起来，有时喜欢前者，有时喜欢后者，就是一例。睡不着，哼范词，写了这些。江青看后，给李讷看一看。

一九五七年八月一日

① 这是毛泽东在便笺上写给江青、李讷的一段话。

【品读导航】

一生博览群书的毛泽东，对浩如烟海的中国古典文学遗产，涉猎极其广泛，每每见解精深。而对唐宋诗词，自青年到晚年，更是情有独钟。在他现存的文稿中，专门谈及古典诗词欣赏的文字并不多见，1957年8月1日在便笺上写给江青、李讷的这一段话，是其中极珍贵的一篇。

这个便笺的开头，毛泽东首先笔录了范仲淹的《苏幕遮》、《渔家傲》两首词，然后才写下了这段话。

《苏幕遮》与《渔家傲》这两首词是范仲淹仅存的五六首词中的精品。《苏幕遮》描写了一幅秋色宜人、游子思乡的动人画面：碧云黄叶，秋波寒烟，山映斜阳，天水相接。在静寂的明月之夜，斯人独倚高楼，遥望故乡，只能借酒浇愁，化作点点相思。芳草无情，故乡远在天

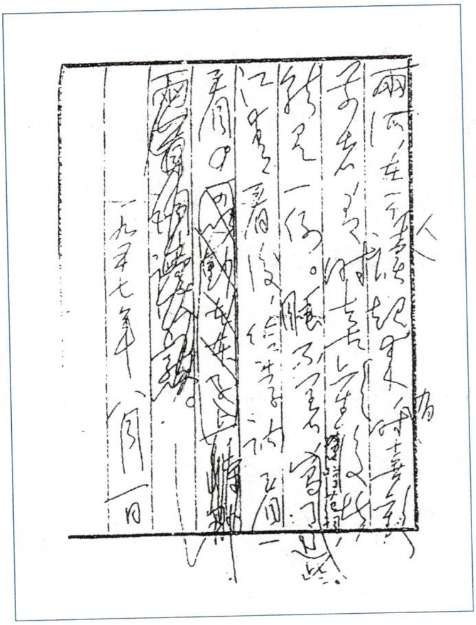

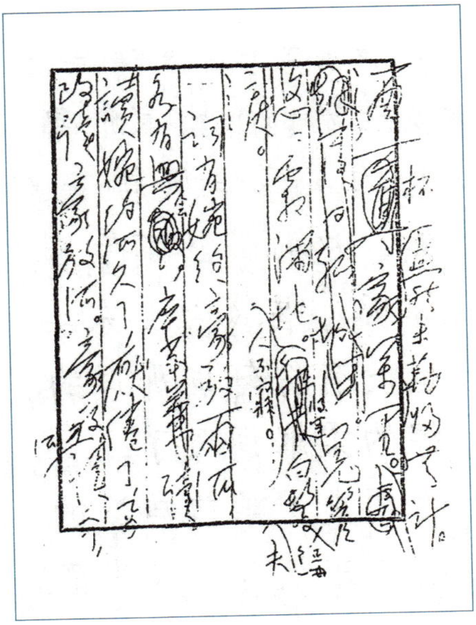

涯，远方游子的心情黯然而凄怆。秋意本来就有些肃杀，加上浓浓的思念，通篇笼罩着一种苍凉的气氛。因此，《唐宋诸贤绝妙词选》将此词题作《别恨》。毛泽东对这首词的点评是确切的，这的确是一首属于婉约派的词。晚唐五代及北宋初年的词，大多未脱儿女情长、士大夫情调的花间窠臼，范仲淹的词显然也有这种成分。

然而，随着生活环境的变化，范仲淹被推选到陕西经略副使的位置，负责沿边军事行政，抑制西夏侵略。尖锐的民族矛盾，边塞将士的生活与苦闷，他都深深地体会到了，因此他写了另一首描写边塞军旅生活的《渔家傲》，尽脱温（庭筠）冯（延巳）的宫廷豪门、柳永的都会市井之气。请看：塞下秋来，风景迥异，连南来的飞雁也没有留住的意思。四面边声，长烟落日，远山层层叠叠，好一幅既壮美又荒凉的边关黄昏图！浊酒一杯，怀恋故乡，欲归不能；在清霜满地的深夜，悠悠羌管相伴，将军与征夫同样不得安眠。作品以其悲笳羌管吹响了词坛的变革之音，意境雄阔，具大家气象。从词史上说，这首词是五代以来婉约的柔靡词风转变的开端，是苏辛豪放词派的先驱。当然，这首词还不像后来东坡词"须关西大汉，铜琵琶，铁绰板，唱《大江东去》"那样有豪迈宏伟的气势和韵味，也没有稼轩词那样的豪爽和意气，但已明显区别于缠缠绵绵的柔靡词风了。

作为词史上承前启后的作品，必然兼有前者和后者的特点。毛泽东认为，《苏幕遮》与《渔家傲》是介于豪放与婉约之间的"中间派"，就是指的这个意思。在毛泽东看来，婉约派多女儿气，大都写得比较优美缠绵；豪放派则苍凉豪放，气势雄伟。这两种词风虽各具特色，但又难免单一，毛泽东便认为一味地读某一种词会使人厌倦，因此应当兼读。婉约派词读久了，要改读豪放派词；豪放派词读久了，要改读婉约派词。人的情绪中喜怒哀乐时常变化或交织，读词时会出现喜好的变化，有时喜欢婉约，有时喜欢豪放。因此，人们对各种风格的作品都要接触，都要能接受，即使有所偏爱，也不能排斥其他。毛泽东自己就说他的兴趣“偏于豪放”，但“不废婉约”。

从某种意义上讲，这个便笺较集中地反映了毛泽东的文学欣赏观。这就是：第一，诗词、文章“各有兴会”，是表达不同感情的，如词就可分为“豪放”与“婉约”两派；第二，“应当兼读”，各种派别的作品都应当读一些，不可偏废；第三，“偏于豪放，不废婉约”，可以有所偏爱，但不能把不喜欢的弃之于外，完全不读。这三个方面，反映了毛泽东以一个政治家的博大视角，包罗万象、兼收并蓄、气度不凡的特点，也可以说明与毛泽东提出的“百花齐放、百家争鸣”文艺观在思想上的一贯性。

我们两家同是一家，不分彼此
——致杨开智[①]

1962年11月15日

开智同志：

得电惊悉杨老夫人[②]逝世，十分哀痛。望你及你的夫人节哀。寄上五百元，以为悼仪。葬仪，可以与杨开慧同志我的亲爱的夫人同穴。我们两家同是一家，是一家，不分彼此。望你节哀顺变。敬祝

大安。

毛泽东

一九六二年十一月十五日

【品读导航】

这是一封充满感情、催人泪下的短信。

自杨开慧牺牲后，毛泽东对杨家的生活情况，特别是杨老太太的健康情况特别关心。每次湖南有人来，毛泽东都要问及杨老太太的情况，

---

① 杨开智，毛泽东夫人杨开慧之兄。

② 杨老夫人，杨开慧的母亲。

并一直寄去生活费，从未间断。而杨开智每每写信给毛泽东，总是把家中人的近照附寄几张。这充分反映了毛泽东与杨家同是一家、不分彼此的密切关系。

1962年，杨老夫人不幸病逝，得知噩耗后，毛泽东“十分哀痛”，并寄上500元以为悼仪。同时，还提出将杨老夫人与“我的亲爱的夫人”杨开慧同志同穴安葬，表明了对杨开慧的深切思念和内心哀痛。我们知道，毛泽东曾写过一阕“我失骄杨君失柳”的词，表达了对夫人杨开慧深深的怀念。在这里，由杨老夫人之逝想到杨开慧之死，毛泽东自是情感难以自抑，一句平平常常的“我的亲爱的夫人”之称，用在此处却流露出极不平常的情感，细心体味，感人心怀。所以，这封信虽然很短，词句也很朴素，却是毛泽东真情实感的流露。从中我们也可以感受到一代伟人丰富、细腻的情感世界。

★ 故事分享 ★

气势磅礴的诗篇

景一馨

毛泽东，似一颗传奇般的明星高高地挂在空中，任千百万人去仰慕。

且不说他在战场上的用兵如神，且不说他在腹背受敌时沉着应对，且不说他两万五千里长征乃至解放中国的伟大壮举，光是他平日写的一手好字，吟的一口好诗就为他高大的身影骤然增添了无数耀眼的光芒。

他的诗，通篇都散发着他本人生活中的豪爽之气、胸怀大志的远大抱负和面对劲敌时的坚定。而他的字更是不拘一格，自成一家。看过毛泽东手迹的人应该都能感受到那种一挥而就、行云流水间将笔控制得收放自如的气概。

他的风景诗不同于李白的那种天上仙境，若说李白笔下的山水是有云有雾有山有水的乘凉之处，毛泽东笔下的山水则是威严肃穆高大挺拔、豪情万丈的雄大之境。他有理想、有抱负，信仰马克思主义，但他更是一个地地道道的农家子弟，他了解、懂得当时中国的农民。这一点让他不同于当时众多的“理想主义空谈家”。革命是现实的，它不仅仅是口头上的理论，更重要的是革命实践。所以他不是李白，他不需要一个“天上人间”来享乐。

毛泽东诗中的政治理想也不同于杜甫。杜甫的形象应是一位忧国忧民、体恤苍生的老人。这位老人饱经风霜，脸色十分凝重。或许是他一生官场坎坷，郁郁不得志；或许是逐渐衰老的身躯已无力改变不争的事实，甚至连胸膛里的那颗心也不再跳动得那样有力。是身不由己吗？是言不由衷吗？是什么让他的诗渐渐失去了青年人那种热血沸腾、朝气蓬勃，缺少了那种振奋人心的豪言壮语，只剩下伤怀、哀叹。毛泽东就不同，他不但有救济苍生的悲悯之心，更有中国人骨子里的反抗精神，他敢于斗争，敢于指责当时最强大的美国，甚至果断出兵，这是一代领袖的风范。他不仅有同情苍生之心，更有把苍生救出水火之中的急切欲望。他借助笔将一身浩然之气体现在一首首诗里。当你在某个下午闭目养神时，让那些词句从肺叶里跳出，你不禁感到一丝激动——“我手写我心”，他用一个个字描绘出一幅幅画面，雄心不减当年，它会在诗中永远地传下去，传下去。

天安门城楼上的画像以他亘古不变的笑容迎接着每个慕名前来的游人，而他留下的诗篇中，气势磅礴之光仍闪耀在每个吟诵它的青少年眼中。

学生感言

生命只是一个载体，真正的伟大，取决于置于生命之上的东西。

周恩来

（1898.3.5～1976.1.8）

伟大的马克思主义者，伟大的无产阶级革命家、政治家、军事家和外交家，中国共产党和中华人民共和国主要领导人之一，中国人民解放军的主要创建人之一。字翔宇，祖籍浙江绍兴，生于江苏淮安。1917年在天津南开学校毕业后，赴日本求学。1919年回国，在著名的五四爱国运动中成为天津学生界的领导人。1920年赴欧洲勤工俭学。1921年加入中国共产党。1923年任中国共产主义青年团旅欧支部书记、中共旅欧组织领导人。1924年回国后，任黄埔军校政治部主任、国民革命军第一军政治部主任，并先后任中共广东区委委员长、军事部长，两次参加讨伐军阀陈炯明的东征。1927年3月，领导了著名的上海工人第三次武装起义。5月，在中共五届一中全会上当选为中央政治局委员。7月12日，中共中央改组，参加主持临时中央常务委员会的工作。8月，领导八一南昌起义。1928年，在中共六届一中全会上当选为中央政治局常委，后任中共中央组织部部长、中央军委书记。从中共六大后到1930年春这段时间内，实际上是中共中央工作的主要主持者。1931年12月到中央苏区，先后担任中共苏区中央局书记、中国工农红军总政委兼第一方面军政委、中央革命军事委员会副主席等职务。1933年春与朱德一起领导和指挥红军粉碎了国民党军对中央苏区的第四次“围剿”。1935年1月，在遵义会议上，支持毛泽东的正确主张，对确立以毛泽东为代表的新的中央的正确领导，起到了关键作用，遵义会议后继续担任军委副主席，是全权指挥军事的新“三人团”成员，参与领导和指挥红军胜利完成二万五千里长征。1936年12月西安事变发生后，作为中共全权代表，同蒋介石进行谈判，促成了事变的和平解决。抗日战争全面爆发后，代表中共长期在重庆及国民党控制的其他地区做统一战线工作并先后领导中共中央长江局、南方局的工作。1945年，在中共七届一中全会上当选为中央政治局委员、中央书记处书记。8月，和毛泽东、王若飞一起到重庆同国民党谈判。《双十协定》签订以后，继续率领中共代表团在重庆和南京同国民党进行斗争。1946年11月回到延安。1947年3月，为粉碎国民党军的重点进攻，同毛泽东、任弼时一起，在陕北率领中央机关和中央精干机关艰苦转战，指挥人民解放军从战略防御转入战略进攻。1948年9月起在西柏坡协助毛泽东组织和指挥解放战争，同时指导国民党统治区的革命运动。1949年10月中华人民共和国成立后，一直任共和国政府总理，曾兼任外交部部长，并任中共中央军委副主席，中国人民政治协商会议副主席、主席。50年代，成功地组织领导了国民经济的恢复工作和以156个建设项目为中心的工业建设。1954年，提出建设现代化工业、农业、交通运输业和国防的“四化”目标。1961年至1965年，领导了国民经济的调整工作，使国民经济逐步得到恢复。参与制定和亲自执行重大的外交决策。1950年朝鲜战争爆发，协助毛泽东指挥了中国人民志愿军作战，领导了中国代表团的停战谈判。1954年参加日内瓦会议。代表中国倡导和平共处五项原则，作为国与国之间关系的准则。1955年在万隆会议上主张和平共处，反对殖民主义，提倡求同存异、协商一致。先后访问欧、亚、非地区的几十个国家，接待大量来自世界其他各国的领导人和友好人士。“文化大革命”中，同林彪、江青反革命集团进行了各种形式的斗争，为减少“文化大革命”所造成的损失，为保护大批党内外干部群众作了坚持不懈的努力。为实现中美、中日关系正常化和恢复中国在联合国的合法席位做出了卓越贡献。1975年，在全国人大四届一次会议上，代表中国共产党重新提出在中国实现工业、农业、国防和科学技术现代化的目标。1976年1月8日在北京逝世。主要著作收入《周恩来选集》、《周恩来外交文选》、《周恩来军事文选》等。

求实学以谋自立
——致陈式周

1921年1月30日

式周表哥：

别仅三月，而东西相隔竟迢迢在三万里外，想念何如！出国后，途中曾数寄片，想均入览。抵欧后，以忙于观览、寄稿及交涉入学事，竟未得暇一报近状，仅于在巴黎时一寄贺年画片，歉殊甚也！

兄之来函，以本月中旬至，彼时弟至英伦已一旬余。来书语重心长，读之数遍，思潮起伏，恨不与兄作数日谈，一倾所怀。积思愈多，执笔亦愈迟缓，一函之报，竟至今日，得毋“望穿秋水”邪！

八弟事，归津作解决，亦良好。此等各人生活之道，总以自决为佳。彼盖勇于一时盛气，苦无持久力，不入纱厂，未始非彼之有见而然也。近来消息如何，来函中亦望提及为盼！

弟之思想，在今日本未大定，且既来欧洲猎取学术，初入异邦，更不敢有所自恃，有所论列。主要意旨，惟在求实学以谋自立，虔心考查以求了解彼邦社会真相暨解决诸道，而思所以应用之于吾民族间者；至若一定主义，固非今日以弟之浅学所敢认定者也。来书示我意志，固弟之夙愿也，但躁进与稳健之说，亦自难定。稳之极，为保守；躁之极，为暴动。然此亦有以保守成功者，如今日之英也；亦有以暴动成功者，如今日之苏维埃俄罗斯也。英之成功，在能以保守而整其步法，不改常态，而求渐进的改革；俄之成功，在能以暴动施其“迅雷不及掩耳”之手段，而收一洗旧弊之效。若在吾国，则积弊既深，似非效法俄式之革命，不易收改革之效；然强邻环处，动辄受制，暴动尤贻其口实，则又以稳进之说为有力矣。执此二者，取俄取英，弟原无成见，但以为与其各走极端，莫若得其中和以导国人。至实行之时，奋进之力，则弟终以为勇宜先也。以今日社会之麻木不仁，“惊骇物议”，虽易失败，然必于此中乃能求振发，是又弟所深信者也，还以质之吾兄，以为如何？

家庭一事，在今日最资学者讨论，意见百出，终无能执一说以绳天下者。诚以此种问题，非仅关系各个民族之伦理观念，人类爱情作用，属于神秘者多，其以科学方法据为讨论工具者，卒无以探情之本源也。惟分而论之，则爱情为一事，家庭又为一事。中国旧式家庭之不合时宜，不待论矣；即过渡时代暨理想中之欧美现今家庭，又何尝有甚坚固之理论与现象资为模仿邪？在国内时，或犹以为欧美家庭究较吾人高出多多，即今日与接触，方知昔日居常深思之恐惧，至今日固皆一一实现矣。盛倡家庭单一说者，其谓之何？惟哥幸勿误会，吾虽主无家庭之说，但非薄爱情者，爱情与家庭不能并论之见，吾持之甚坚。忆去岁被拘时，曾在狱中草一文，惜其稿为警厅人员所没收，不得资之以为讨论耳！即兄所谓“等量并进，辅翼同功，精神健越”，亦不外示爱情之可贵，固无以坚家庭之垒也。弟于此道常深思，有暇甚愿与兄有所深论，兹特其发端耳。过来人亦愿为之证其曲直是非邪？特嫌勾兄心事殊甚，是为过矣。

来书所论“衣食不敷，日求一饱且甚难，即朝朝叫嚣，何裨实际？”兄意以为衣食足后乃得言社会之改革，是诚然矣。然亦唯其“衣食不敷”，方必须“朝朝叫嚣”；衣食足者，恐未必理会“衣食不敷”者之所苦耳。且“衣食不敷”之人何罪，社会乃必使之至于冻饿至死而后已？彼不起而叫嚣，亦终其身为饿殍耳，是社会组织之不平，无法以易其叫嚣也。方今欧美日日喧腾社会之问题。即面包问题耳，阶级问题耳，俄且以是革命矣，德且以是革命矣，英、法、意、美亦以是而政治上呈不安宁之现象矣。是固兄之所谓叫嚣，而终不免于叫嚣也。愿兄有以深思之，当知不平现象中当然之结果，便如是而已。

自治之说渐亦邀有识之士所宣传，殆为九年来统一徒成“画饼”之反动。中央集权，本非大国所宜有，而中国民族性之庞杂，尤难期实现，故地方自治时也，亦势也。兄之宏愿在此，弟之愿固亦尝以此为嚆矢，相得益彰，弟之幸也，何言河海行潦？国内有何好消息关于此类事者，甚望时有以语我！

弟在此计划拟入大学读书三四年，然后再往美读书一年，而以暑中之暇至大陆游览。今方起首于此邦社会实况之考查，而民族心理尤为弟所注意者也。弟本拙于外国语言，谈不易收功，计惟苦读以偿之耳。学费当以得官费与译书两事期之，果均不可行者，或往法勤工耳。英伦地势之大，人口之多，为世界冠，因是交通机关虽便利，而读书则不甚相宜。数月后或往英北部苏格兰首都爱丁堡，亦未可知；至通信地址，则永久不变。

英国生活程度之高为各国冠，每年非中洋千元以上不易图存，其他消费尚不论也。

弟身体甚好，望放心！近状如何，时望来函告知！匆匆报此，并颂

俪安！

弟　恩来

一九二一·一·三〇

【品读导航】

这是周恩来就在欧洲求学、生活等问题于1921年1月30日写给表哥陈式周的信。

因为在天津领导五四爱国学生运动，1920年1月29日，周恩来被捕入狱，失去自由。在狱中，他阅读了许多马克思主义的书籍，重新思考了许多问题，这对他由一名关心国家命运、积极参加社会改造、追求进步的青年学生，到逐步走上职业革命家的道路有很大的影响。7月17日，周恩来被宣布释放。他继续领导觉悟社的活动，同时积极准备到欧洲去求学。当时，南开学校创办人严修向张伯苓提出，推荐两个南开学生出洋留学，其中一个就是周恩来。11月7日，周恩来奔赴法国。

在这封信中，周恩来阐述了以下几点：到欧洲求学的原因，“主要意旨，惟在求实学以谋自立，虔心考查以求了解彼邦社会真相暨解决诸道，而思所以应用之于吾民族间者”；就英、俄革命的方式作了一定的比较，并倾向于后一种；爱情和家庭的辩证关系；温饱与变革的关系；

集权与自治以及自己在欧洲的求学计划等。并向表哥作了详细的说明。周恩来从来是注重实际的，他在国内已经接触到马克思主义，现在来到马克思的故乡——欧洲，既可以实地考察一下西方资本主义国家的社会真相，进一步了解欧洲各种改造社会的学说主张，又可以经过充分的比较和选择，来确定自己所相信的道路，并把它应用到中国来，寻求拯救中华于水火的具体途径。

信中体现了青年周恩来的远大理想：学习西方，拯救中华。他胸怀救国大志，不惜离别亲人和故土，远渡重洋到欧洲，以便学习西方先进的科学知识，实现他自小就树立的“为中华之崛起而读书”的伟大志向。

海棠桃李均将盛装笑迎主人
——致邓颖超

1951年3月17日

超：

西子湖边飞来红叶，竟未能迅速回报，有负你的雅意。忙不能做借口，这次也并未忘怀，只是懒罪该打。你们行后，我并不觉得忙。只天津一日行，忙得不亦乐乎，熟人碰见得不少。恰巧张伯苓[①]先一日逝去，我曾去吊唁。他留了遗嘱。我在他的家属亲朋中，说了他的功罪。吊后偕黄敬[②]等往南大、南中[③]一游。下午，出席了两个干部会讲话，并往述厂、愚如[④]家与几个老同学一叙。晚间在黄敬家小聚，夜车回京。除此事可告外，其他在京三周生活照旧无变化，惟本周连看了三次电影，其中以《两家春》为最好，你过沪时可一看。南方来人及开文[⑤]来电均

---

① 张伯苓，天津人，著名教育家。1904年在天津创办敬业中学堂（后改名南开学校）。1919年任南开大学校长。1945年后曾任国民党中央监察委员、国民党政府考试院院长等职。中华人民共和国成立时，曾致电周恩来总理表示祝贺。

② 黄敬，当时任中共天津市委书记、天津市人民政府市长。

③ 南大、南中，分别指南开大学和南开中学。1913年至1917年和1919年至1920年周恩来先后在南开学校（后改名南开中学）和南开大学读书。

④ 述厂，即潘世纶，当时任中国银行天津分行副经理。愚如，即李愚如，潘世纶夫人。

⑤ 开文，即潘开文。当时任中共中央办公厅机要室副主任兼朱德的秘书。

敬请便交
邓颖超同志
中央人民政府政务院
缄

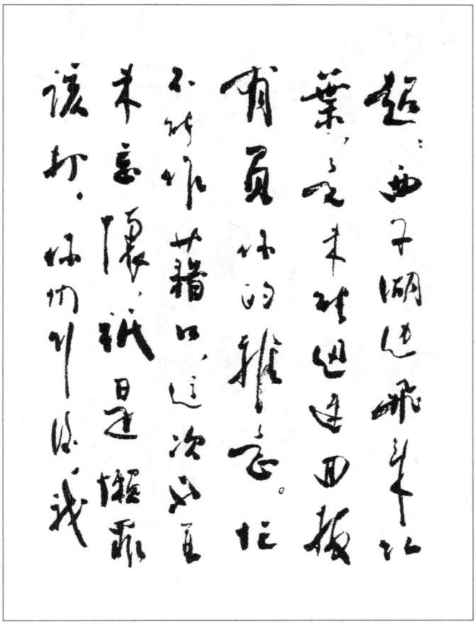

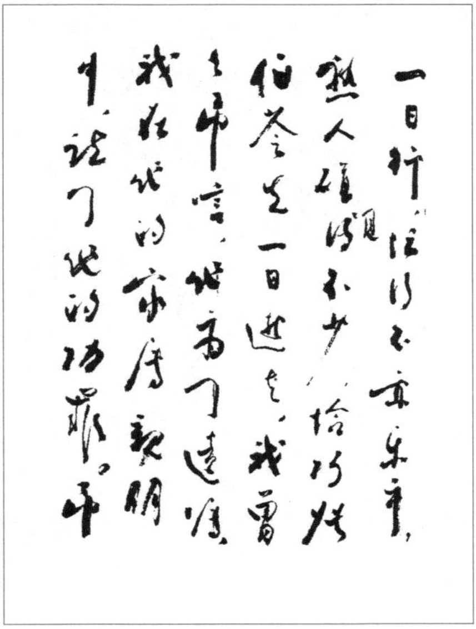

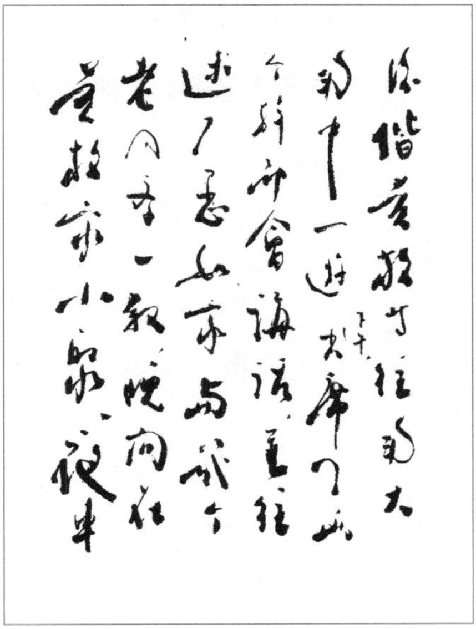

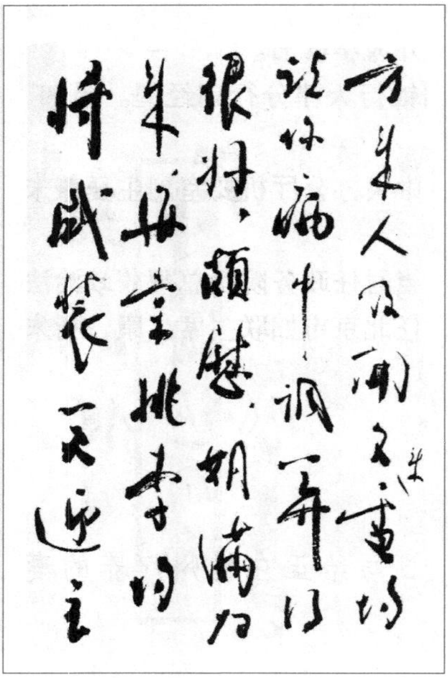

说你病中调养得很好，颇慰。期满归来，海棠桃李均将盛装笑迎主人了。连日风大，不能郊游，我镇日在家。今日苏联大夫来检查，一切如恒。顺问朱、董、张、康①等同志好。

祝你日健！

周恩来

一九五一・三・一七

---

① 朱，指朱德。董，指董必武，当时任政务院副总理兼政治法律委员会主任。张，指张晓梅，当时任北京市妇联主席。康，指朱德夫人康克清。

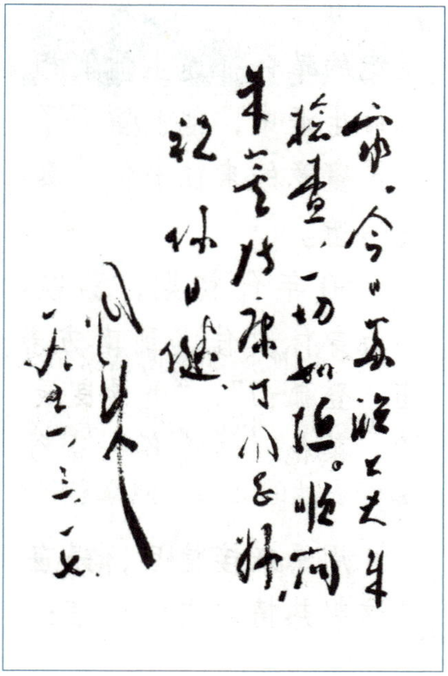

【品读导航】

这是周恩来1951年3月17日写给正在杭州疗养的妻子邓颖超的信。

世纪伟人周恩来和邓颖超堪称夫妻楷模，在长达半个世纪的革命征途中他们相依相伴，患难与共。时聚时分的革命生涯中，他们留下了许多互诉衷肠、互勉互励和充满柔情蜜意的来往书信，真实地记录了他们的爱情生活和战友情义。

50年代初期，邓颖超担任全国妇女联合会副主席，因为身体欠佳，到南方养病，客居杭州。她“冒雨拜岳庙，登孤山”，“美景良辰，易念远人”。惆怅之中，将梅、竹、茶花、红叶各一寄往北京，和周恩来共享游西湖之情。

周恩来接信后，兴奋异常，于3月17日给邓颖超写了这封情深意切的回信：“西子湖边飞来红叶，竟未能迅速回报，有负你的雅意。忙不能做借口，这次也并未忘怀，只是懒罪该打。”虽只几句，却把他们之间相亲相爱的关系表现得淋漓尽致，读后令人感怀。信中，周恩来用诗一般的语言，向邓颖超讲述了自己的工作、生活、身体情况，读来颇为感人。

★ 故事分享 ★

爱已无声

邵宏升

我一次次捧起《傅雷家书》，一次次掩卷落泪……

傅雷是一位成功的音乐鉴赏家、著名的文学翻译家，但他却不是一个善于表达的父亲。翻遍家书，字里行间，他没有写一句“爱你”，没有一个“想你”。这样的信何称家信？但我就是一次次被它感动、为它流泪、泣不成声。

或许，是那隐藏在字里行间的淡淡的离愁别绪、深沉父爱让我含泪沉思吧。在傅雷与傅聪父子间的通信中，绝少亲昵的话语，他们有音乐家之间独有的交流方式，他们谈音乐，谈人生，显露着音乐家超群的鉴赏力。傅聪存在的细枝末节的问题，作为父亲的傅雷一次次地提醒；为了加深傅聪对乐曲内涵的理解，傅雷一遍遍地与他进行探讨。所有这一切，无不代表着傅雷那一颗绵延万里却从不言爱的心。

每每读着家书中那些淡淡的充满希冀又略带哀伤的文字，我们怎能看不透傅雷那深深的念子之心？又怎能不想到他人生最后一程路上的凄凉与悲惨。白绫已然挂上窗梁，傅雷仍念念不舍自己去国离乡如飘零落叶般的爱子，如今，是不是还会留恋梅馥那一碗碗香喷喷的饭菜？时光飞逝，傅聪功成名就，落叶归根，迎接他的不是曾经熟悉的双亲的笑容，却只是一个冰冷的骨灰盒。傅聪那双象征钢琴家至高荣誉的双手，抚摸着骨灰盒上的一丝丝裂纹。这裂纹，恰似他们一家昔日的生活，磕绊又不失欢乐。他仿佛看到——父子俩在他儿时一起玩耍、欢笑；傅雷身患重病，仍在为爱子的创作谱曲；无论工作多么繁忙，那一封封定期寄出的家信，是父子间心灵的纽带，纵然天人永隔，也永难割舍；曾经的一点一滴，都让那双手，开始不住地颤抖……

于是，我想起了朱自清的父亲那厚重的背影，想起龙应台凝望的深情，还有林飞……

或许，爱情、亲情的真谛便是：眼睁睁地看着你心爱的他或她，一步步渐行渐远，凝视依然模糊不清的背影，想冲上去给他最后一个温暖的拥抱，却已恍然隔世，动弹不得。

于是，再一次，泪水打断了我的思绪，为了挚爱亲情，又一次，泪如泉涌，却无声。

学生感言

前人对于人生、生命价值的思考以及对痛苦挫折的态度都通过阅读这个通道传递给了我，而在我看来，宽泛、遥远而抽象的东西由他们的人生故事描摹得具体了，引发我的追问和思考。

拍几个美而有意义的镜头

——致邓颖超

1951年3月31日

超：

昨天得到你二十三日来信，说我写的是不像情书的情书。确实，两星期前，陆璀[1]答应我带信到江南，我当时曾戏言：俏红娘捎带老情书。结果红娘走了，情书依然未写，想见动笔之难。寄来西湖印本，均属旧制，无可观者。望托人拍几个美而有意义的镜头携归，但千万勿拍着西装的西子。西湖五多，我独选其茶多，如能将植茶、采茶、制茶的全套生产过程探得，你才称得起“茶王”之名，否则，不过是“茶壶”而已。乒乓之戏，确好，待你归来布置。现时已绿满江南，此间方始发青，你如在四月中北归，桃李海棠均将盛开。我意四月中旬是时候了。忙人想病人，总不及病人念忙人的次数多，但想念谁深切，则留待后证了。

周恩来

三·三十一

望代候各同志。

① 陆璀，当时任全国妇联常委、国际工作部部长。

【品读导航】

1951年2月，邓颖超身体欠佳，为使身体早日康复，曾到浙江杭州休养了一个时期，因此留下了许多感人的夫妻间南来北往、相互系念的书信，这是其中的一封。

邓颖超在西湖感觉“美景良辰，易念远人”，遂寄梅、竹、茶花、红叶各一，供周恩来遥领西湖春色。周恩来接邓颖超信后，即写回信：“西子湖边飞来红叶，竟未能迅速回报，有负你的雅意。”邓颖超又复信周恩来，说周恩来的信是“不像情书的情书”。周恩来在这种情况下给邓颖超写了这封回信。

信中提到的陆璀为当时全国妇联国际工作部部长，她参加完第一届世界和平理事会议后回到北京，看望周恩来。她询问周恩来，自己要到上海办事，有什么事要托付，周恩来便请她带一封信给邓颖超，并戏称说这叫“俏红娘捎带老情书”。几日后陆璀动身，周恩来因为忙，信没写成，便要陆璀带了口信，请邓颖超勿念，安心休养。信中告诉邓颖超“西湖五多，我独选其茶多”，要她探得种茶、采茶、制茶全套过程。并诙谐地说，只有这样才能称“茶王”，否则不过是“茶壶”而已。信中也表达了对邓颖超的思念之情，4月中旬北方莺飞草绿，桃李海棠都将盛开，建议她4月中旬回京团聚。

此信文笔诙谐幽默又富有情意，细读之后，确能品味出周邓的伉俪情深，仿佛跃然纸上。同志之情、战友之义、爱人之心句句动人。

★ 故事分享 ★

信仰的力量

巫筱涵

看过太多长征的故事，了解太多长征的曲折，听了太多长辈对长征的感叹，再读《长征》，依然被一对险些被历史遗忘的夫妻触动了柔软的内心。

他们，因为支持毛泽东的政治军事主张而被卷入斗争漩涡，遭到错误路线的打击迫害，中央红军转移后留在贵州北盘江边；他们在贵州受到迫害审查，受到折磨仍不屈服，被释放后又与党组织失去联系，但他们仍希望找到党组织；他们四处流浪，曾去当女佣、清洁工，曾被吊打审问，曾被背叛出卖，曾尝尽流浪的辛酸苦辣，曾作为党外人士宣传抗日。但他们仍然为了自己的信仰，在1981年恢复中国共产党党籍时而感动得泪流满面！

罗明和谢小梅，真傻啊！傻得可爱，傻得执著，傻得光荣，傻得伟大！他们经历了太多背叛，太多艰难。但他们依然执著于自己的信仰，宁死也不出卖党，终生寻找着党组织的脚步！

他们无怨无悔地等待了46年，他们从不责怪党组织，他们从未放弃过宣传抗日，他们冒着生命危险不懈地追寻共产党。哪怕是被敌人毒打，哪怕是隐姓埋名背井离乡，哪怕是对敌人低下头来隐忍不发，甚至是献出宝贵的生命，他们也无怨无悔！这就是信仰，是自己心中永不磨灭的、永远像烈火般熊熊燃烧的信念！

信仰，支持着他们的精神世界，使之不为众叛亲离和艰难险阻而吓倒，而退缩，而坍塌！

相信，信仰就是精神世界的主人，它自从住进的那一刻，就是你的主人，你的内心，你的魂。就算你身处无边的黑暗，它也会幻化出闪耀着金芒的光束，在瞬间驱走黑暗，让你的心灵沐浴灿烂明媚的阳光。

相信，信仰能够改变一个人，你自从拥有了它，就如同即将溺水而亡的人抓住一根救命稻草，就如同即将掉下悬崖的人扒住了一个土块儿。你会感到自己被希望填充得如此饱满，不再无所事事，不再迷惑茫然，不再混沌不醒。

相信，信仰的力量，是改变一个人的力量，改变一个国家的力量，改变整个世界的力量。这股力量来自内心深处，仿佛没有源泉，但它一旦喷涌而出，一旦从一群拥有共同信仰的人们心中涌出，能够震动山川江河。

信仰的力量，使瘦弱的人们变得强壮有力，使病中的人们变得健康活跃，使胆小的人们也变得坚毅勇敢。

如此，信仰的力量也当然能够使一对夫妇无怨无悔地追随和等待它46年！信仰的力量当然能够支持着他们，让他们为此而孜孜不倦地追求！

让我们拥有自己的信仰，拥有自己的精神世界，拥有那来自信仰的源源不断的力量！

学生感言

是无数前辈们经历了无数磨难才给我们开创了这个幸福的社会，我们应该在享受如今的幸福生活的同时，对革命先辈们充满感激与崇敬。

本着节约和简朴的精神办理我婶母后事

——致淮安县人民委员会

1956年10月29日

淮安县人民委员会：

前几日接到县人民医院一信，知我婶母的病最近又重复发。陶华[1]来信说你们也常派人去看望和给治疗。谢谢你们亲切的关心和照顾。

我婶母的病我们知道是无法治疗，今后一切治疗还要麻烦你们（请县人民医院治疗好了），不要向外地转治。如果治疗无效，一切后事也请你们代为办理，但要本着节约和简朴的精神办理。现寄去人民币贰百元作为治疗和办理后事的费用。如不够时，请你们先垫付，事后来信说明支付情况，我再补钱去。此致

敬礼！

周恩来

一九五六年十月二十九日

此信请转人民医院负责同志一阅，不另附信。

① 陶华，周恩来的弟媳。

【品读导航】

这是周恩来在1956年10月29日写给他的家乡江苏省淮安县委的信。

周恩来的婶母生病住院曾得到淮安县委的照顾，周恩来得知后感到十分不安，在写给中共淮安县委的信中表示感谢。对于婶母的病情，周恩来也是了解的，因此信中请县医院尽力治疗，特别强调“不要向外地转治”，并寄款200元用作婶母治病及后事费用，嘱淮安县委本着节约和简朴的精神办理。

该信充分表现了周恩来对骨肉亲情的重视及事无巨细的关照，反映了身为国家领导人的周恩来对家乡和亲人的朴素情感和赤诚之心。

万万不可修理我家房屋
——致王汝祥[①]并转中共淮安县委

1958年6月29日

汝祥同志并请转淮安县委：

前接我家弟媳陶华来信，得知县人委准备修理我家房屋，我认为万万不可，已托办公室同志从电话中转告在案。

远在解放初期，县府曾经重修我家房屋，我已经万分不安，当时我曾考虑将这所旧屋交给公家处理，但由于我家婶母还在，又恐房子交给公家后，公家拿它做纪念更加不好，因而拖延至今。

现在正好乘着这个机会，由我寄钱给你们先将屋漏的部分修好，然后将除陶华住的房屋外的全部房院交给公家处理，陶华也不再收房租。此事我将同时函告陶华，并随此信附去人民币五十元，如不够用，当再补寄。

在公家接管房院后，我提出两个请求：一是万不要再拿这所房屋作为纪念，引人参观。如再有人问及，可说我来信否认这是我的出生房屋，

① 王汝祥，当时任淮安县副县长。

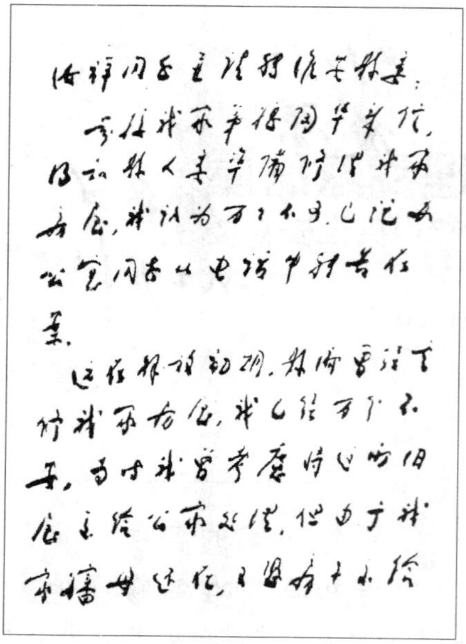

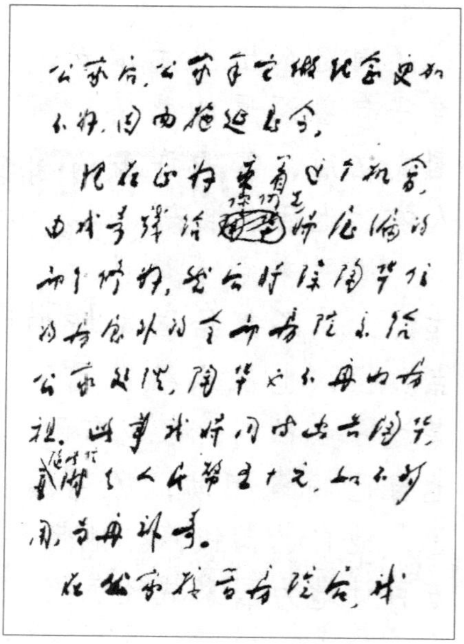

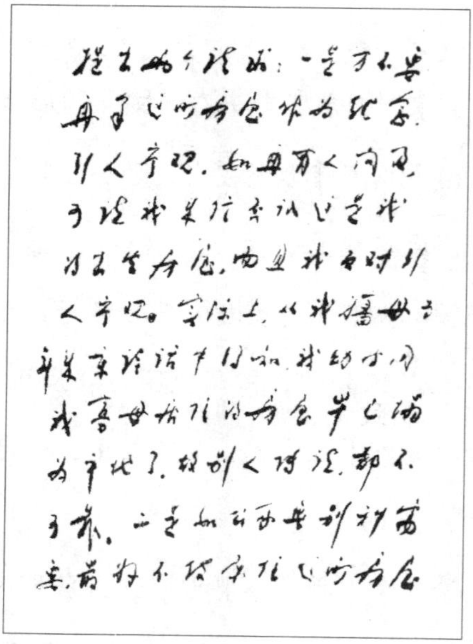

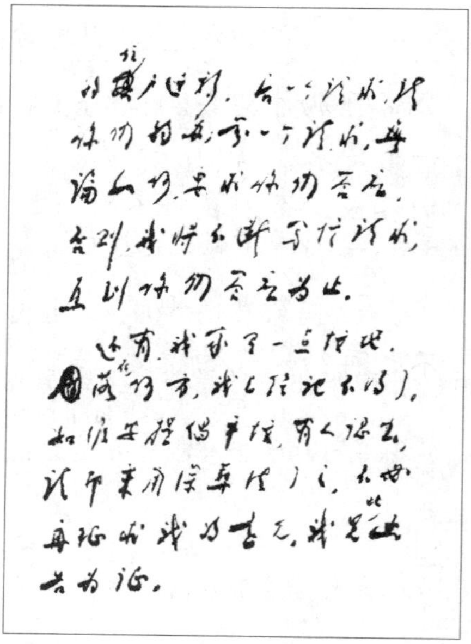

而且我反对引人参观。实际上，从我婶母当年来京谈话中得知，我幼时同我寡母居住的房屋早已塌为平地了，故别人传说，都不可靠。二是如公家无别种需要，最好不使原住这所房屋的住户迁移。后一个请求，请你们酌办；前一个请求，无论如何，要求你们答应，否则我将不断写信请求，直到你们答应为止。

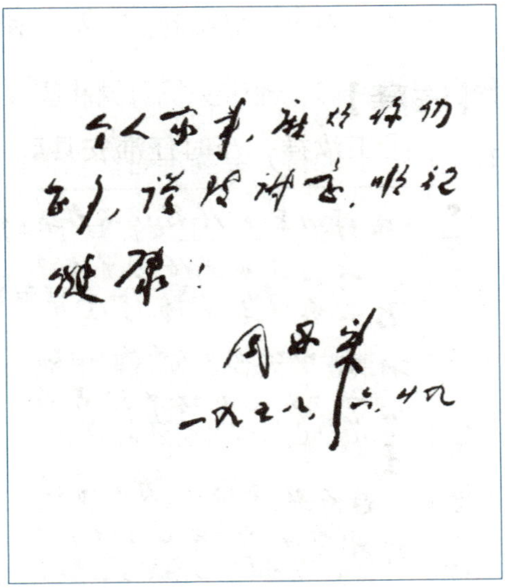
个人家事，麻烦你们甚多，谨致谢意，顺祝
健康！
周恩来
一九五八、六、廿九

还有，我家有一点坟地，落在何方，我已经记不得了。如淮安提倡平坟，有人认出，请即采用深葬法了之，不必再征求我的意见。我先此函告为证。

个人家事，麻烦你们甚多，谨致谢意。顺祝

健康！

周恩来

一九五八・六・二十九

【品读导航】

周恩来出生于淮安，对淮安有着深厚的感情。新中国成立后，他的许多亲友家人依然生活在淮安。

周恩来严于律己，以身作则，从不想给国家增加一点负担，也从未给自己家人谋过一点私利。家人有困难，他自己倾囊相助；房屋漏雨了，他自己掏钱修。他带头执行党和国家的各项规定，千方百计地为国家减轻负担。当他得知县委准备修理他家房屋时，十分着急，于1958年6月29日给淮安县副县长王汝祥写了这封信。信中强调，万万不可“修理我家房屋”，并请求县委“万不要再拿这所房屋作为纪念，引人参观”，表示这个请求“无论如何，要求你们答应，否则我将不断写信请求，直到你们答应为止”。随信还邮寄了50元钱，以修理家中的漏房，并说如不够用，再补寄。这封信今天读来，让人对那个年代有了更多的感性认识，也对当时党和国家领导人谦恭为民的作风和严守纪律的精神有了更多的了解，为老一辈革命家崇高的精神境界、卓越的人格力量所震撼。

刘少奇

（1898.11.24～1969.11.12）

伟大的马克思主义者，伟大的无产阶级革命家、政治家和理论家，中国共产党和中华人民共和国主要领导人之一。原名绍选，字渭璜，湖南宁乡人。1920年加入中国社会主义青年团。1921年到莫斯科东方劳动者共产主义大学学习，同年转为中国共产党党员。1922年回国，在中国劳动组合书记部工作。不久受党委派领导安源路矿工人大罢工，任安源路矿工人俱乐部代理总主任、总主任。1925年5月在第二次全国劳动大会上当选为中华全国总工会副委员长，参加领导五卅运动和省港大罢工。1927年5月在中共第五次全国代表大会上当选为中央委员。大革命失败后，在上海、天津、北平、哈尔滨等地从事秘密工作。1930年夏出席在莫斯科召开的赤色职工国际第五次代表大会，当选为执行局委员。1931年1月在中共六届四中全会上当选为中央政治局候补委员。同年秋回国，任中共临时中央职工部部长、中华全国总工会组织部长。1932年冬进入中央苏区。1934年10月参加长征，在遵义会议上，支持毛泽东的正确主张。会后任红军第三军团政治部主任。1936年春赴华北，任中共中央代表，执行中共中央关于建立抗日民族统一战线的政策。1937年七七事变爆发后，任中共中央北方局书记，领导了华北抗日根据地和山西抗日新军的创建工作。1938年11月在中共六届六中全会上被任命为中共中央中原局书记。1941年皖南事变后，任新四军政治委员、中共中央华中局书记，同陈毅一起重建新四军军部，恢复和发展了长江中下游地区中共领导的抗日武装力量，扩大了华中抗日根据地。1943年3月任中央书记处书记和中央军事委员会副主席。1945年6月在中共七届一中全会上当选为中央政治局委员和中央书记处书记。7月，任中共中央军委副主席兼总政治部主任。抗日战争胜利后，在毛泽东赴重庆谈判期间，代理中共中央主席职务，主持作出“向北发展、向南防御”的决策。1947年3月，任中共中央工作委员会书记，同朱德、董必武等转移到华北，负责中央委托的工作。1949年4月至5月间，受毛泽东的委托，赴天津调查研究，扭转天津经济恢复工作中的混乱局面。1949年9月，在中国人民政治协商会议上，当选为中央人民政府副主席，并任人民革命军事委员会副主席等职。1950年他主持制定的《中华人民共和国土地改革法》等文件，成为新中国成立初期指导全国各地土地改革健康发展的基本依据。1954年在第一届全国人民代表大会第一次会议上当选为全国人民代表大会常务委员会委员长。1956年9月在中共八届一中全会上当选为中共中央政治局常务委员、中央副主席。1959年4月在全国人大二届一次会议上当选为中华人民共和国主席、国防委员会主席。60年代初期，与周恩来、陈云、邓小平一起制定了一系列注重实效的政策措施，支持和指导实施“调整、巩固、充实、提高”的方针，使国民经济得到恢复和发展。先后出访苏联、印度尼西亚、缅甸、柬埔寨、越南、朝鲜、巴基斯坦、阿富汗、东巴基斯坦（今孟加拉国）等，发展了同这些国家的友好关系。1965年1月，在全国人大三届一次会议上，再次当选为中华人民共和国主席、国防委员会主席。1966年“文化大革命”开始后，受到错误的批判，遭到林彪、江青反革命集团的政治陷害和人身摧残，被免除一切职务。1969年11月12日在河南开封病逝。1980年2月中共十一届五中全会作出专门决议，为刘少奇平反和恢复名誉。主要著作收入《刘少奇选集》、《刘少奇论党的建设》、《刘少奇论新中国经济建设》等。

你们以后应该劳动，自己作田

——致刘少怡[①]

1950年5月2日

七姐：

你三月初九日写来的信，我收到了，并看懂了。

你家过去主要是靠收租吃饭的，是别人养活你们的，所以你应该感谢那些送租给你们、养活你们的作田人。人家说你们剥削了别人，那是对的，你们过去是剥削了别人。乡下现在要减租退押[②]，也是对的。你们应照减照退。你不能骂人，说他们是小子会、棍子队。不，他们是养活你们及其他许多人的大恩人，你应该尊敬他们。

你现在退不起租押，人家要你吃点苦，也是应该的。你知道乡下的贫农、雇农吃了多少年的苦，你现在吃这样几天苦，又算得什么呢？老早我就向你们说过，要你们不要收租放债，你们不听，并且还说我不对。现在你们吃苦了，再来找我，已经迟了，我也无办法了。这些苦，照我

① 刘少怡，刘少奇的七姐。土改时定为地主。
② 新中国成立初期，新解放区在进行土地改革以前，一律实行减租退押，规定地主依法减低地租租额后，仍可向租种自己土地的农民收租，同时地主还应向农民退还租种土地的押金。

来说，是你们自讨的。你再不能怨恨别人。

二五减租及三七五限租①，是人民政府的法令要办的，你们必须老老实实照办。去年你们没有照办，是不对的，所以现在要退租。如果你们退不出，可以请求乡农会允许你们等到今年秋季收租时再退，你可打一个借条给农会，请求农会原谅你们去年没有减租的错误，如果农会要罚你们去年未减租的错误，你可以请求他们罚一点谷，在秋后交给他们。大概今年秋收，你们还可以收一年租，是合法的。但今年秋后乡下如果分田，明年就不能收租了，如不分田，明年还可收租一年。

退押的事，你们已退出一些，如再无法退，可请求农会免退。中央已令各地停止退押②，退不起的，可以不退押了，到秋后，你们把田山屋宇交给农会分配就是了。但你们必须把田山屋宇及树木等等好好保存，不要损伤，犁耙锄牛好好保护，不要破坏和出卖。否则，农会在以后还会要处罚你们的。

你们以后应该劳动，自己作田，否则，你们就没有饭吃。今年，如果佃户和农会愿意让几亩田给你们作，你可请求佃户和农会让出一点田作。如果农会佃户不肯让，你们只有揽零工作，或将家中的肥料送给佃户，帮助佃户伙种，请求佃户把多收的粮多分点给你们，作为你们肥料和人工的报酬。在今年分田以后，农会还会分几亩田给你们自己作的，以后你们就作田吃饭。

---

① 二五减租，指地主收地租应按原租额减少25%。三七五限租，指地主收地租的租额不得超过出租土地的正产物收获总额的375‰。

② 1950年4月14日中共中央发出指示："望令各地停止退押，已退者，亦不要送还，地主自愿退还者，农民亦可接受，但不要再去动员群众退押，不要向地主追逼。"

你们不要来我这里，因我不能养活你们。我当了中央人民政府的副主席，你们在乡下种田吃饭，那就是我的光荣。如果我当了副主席，你们还在乡下收租吃饭，或者不劳而获，那才是我的耻辱。你们过去收租吃饭，已经给了我这个做你老弟的中央人民政府副主席以耻辱，也给了你的子女和亲戚以耻辱。你现在自己提水做饭给别人吃，那就是给了我们以光荣。你以前那些错误的老观点，应完全改正过来。

你把我这封信送给六姐[①]一看。她家也不作田吃饭，而靠收租及管公产吃饭，也是不对的。欠了公家的谷，当然要还。暂时还不起，以后慢慢的还是要还。而且以后再不能靠管公产吃饭了，也必须自己作田吃饭。以后他们自己作田吃饭，也才给我们以光荣。他们现在的困难，也是他们自讨的，不能怨恨别人。

中央已决定今年秋后分田不动富农的土地和财产[②]。七哥[③]大概要算富农，所以他家土地和财产可以不动，不会受什么损失。六哥[④]家过去也主要不是靠收租吃饭，而是靠雇请工人种地吃饭，他自己也劳动，所以大概也算富农，所以他家大概也不会动。以后做富农，雇请工人种地，自己也种地，这是可以的，合法的，不会受到大的斗争的，所以你们及其他的人家还可以雇长工短工做事，以帮助他们进行生产。六嫂今

---

① 六姐，名刘少德。土改时定为地主。

② 新中国成立后，在新解放区进行土地改革时，对富农的政策作了重要的调整，改变了解放战争时期征收富农多余的土地和财产的政策，而实行保护富农自耕和雇人耕种的土地及其他财产以及富农出租的少量土地一般也保留不动的政策，但对半地主式的富农出租的大量土地，超过其自耕和雇人耕种的土地数量者，则征收其出租的土地。

③ 七哥，名刘作衡。土改时定为富农，复查时定为地主。

④ 六哥，名刘云庭。土改时定为富农。

年雇人种田是好的。四嫂亦可雇人种田。这样，乡下找工作的人才有工作，你们也可过活。七哥家要雇人也是好的。因为允许雇人种地，对穷人也是有好处的，故可告诉乡下的亲故们：为了进行生产，尽可雇请长工和短工，讲好工钱，订好合同，以后按合同待遇工人，就不会有问题。

我回这封信给你，还是为了你们好，你们必须听我的话，老实照办，否则还是要讨苦吃的。对于过去，你们必须认错，请求农会原谅和教育你们。

祝你好

刘少奇

五月二日

【品读导航】

这是刘少奇在1950年给他的姐姐刘少怡写的一封信。在信中，他对刘少怡的错误行为进行了严厉的批评，对她理解认识不够清楚的政策作了解释。

中国共产党领导的土地改革运动，是一场影响深远的革命，它打破了在中国延续了几千年的土地政策，从根本上动摇了中国封建社会的根基。在这场运动中，地主阶级凭借土地所有权收租放债、不劳而获的不当权益被剥夺，一些人难免不理解、不赞同，乃至产生抵触和怨恨情绪。刘少怡家就是长期靠收租放债生活的地主。过去，刘少奇曾对七姐家的这种剥削生活作过批评，并劝他们自己种田劳作，自己养活自己。但是，刘少怡没听劝告，反而认为小弟说得不对。新中国成立后，面对汹涌的土改浪潮，刘少怡思想上难以接受，于是给担任中央人民政府副主席的小弟刘少奇写了一封求助信。刘少奇的这封信，就是给刘少怡写的回信。

在这封信中，刘少奇首先指出了七姐的错误，即“你们过去是剥削了别人”，因此“不能骂人”，“再不能怨恨别人”；然后，又指出了改正错误的方法，即对人民政府的法令“老老实实照办”，并且“以后应该劳动，自己作田”。在信中，刘少奇还对其他姐姐、哥哥家的情况进行了分析，用浅显的语言解释了当时的相关土改政策，对他们将来的生活和工作进行了指导。

书信的语言平实中又带着严厉，面对党纪国法，秉持内心信仰，刘少奇不能徇私舞弊，只能面对家人的亲情和生活中的现实情况，苦口婆心劝慰姐姐，让他们正视现实，坚强起来，做生活的主人，融入生活的潮流。

这虽是一封普通家信，但从中体现了刘少奇坚持原则、不徇私情的崇高的党性修养和人格，体现了他“劳动光荣、剥削可耻”的荣辱观，这对每一个共产党员和领导干部来说，都有极大的教育意义。

你最好不要转系，要学会如何解决各种矛盾

——致刘允若

1955年6月20日

亲爱的允若：

五月十日、二十日和六月六日三封来信都收到了。我很高兴地知道你愿意接受我对你的批评，望你能真实地根据我和同学们对你的批评改正你思想上和行动上一切不利于团结的东西。任何人都是需要别人的帮助的，要取得别人的帮助，最好的办法就是虚心地听取同志们对自己缺点的直率的批评。

关于你要求转系的问题，如果你自己做过周到的考虑，对于你现在所学的和将来你要从事的职业做过周到的考虑，我不反对你更适当地选择你自己的职业，不反对你转系。但是根据你的来信看，你并没有对你现在学的专业和你要转的专业做过周到的了解和考虑，也不能肯定换一门专业你就一定能学得好，所以你最好不要转系，老老实实地安下心来，坚持地学下去。你说：因为不是门门五分，就是没有学懂，就应该允许留级。这个说法是不对的。根据绝大多数留学生的情况，初到苏联，就要门门功课都得五分是不可能的，这样要求是过高的，脱离实际的。学习的结果，

不是门门五分，有些三分、四分，是可以过得去的。这样，虽不能说完全学懂，但总也学懂了一些，就可以过得去，就可以毕业，就可以为毕业后从事实际工作打下基础知识。反过来说，学习的结果，即使是门门五分，也不能说是完全学懂了，不能保证在将来的实际工作中有完全的知识。有很多这样的人，在学校学习中分数较好的人，但到实际工作中，常常不如分数较少的人，这是什么原故呢？这是因为学校中学得的知识原来就是不完全的，即使门门都得五分，他的知识也是有限的。而比较完全比较切实的知识，是要在实际工作中去学习的。因此，不能过分重视学校中学得的知识，更不能过分重视所得分数的多少。目前你们的学习是为了你们将来从事的实际工作打下一定的基础，而不是为了得五分。今天得了五分，将来可能会工作，也可能不会工作，今天只得三分、四分，将来可能不会工作，也可能会工作，或者可能比得五分的人工作得更好。一切都要看将来的工作来决定，而不能只看今天的分数来决定。你不要过分重视今天所得的分数。因此，不是门门五分就应允许留级的说法是错误的。假如所有得三分、四分的人都要求留级，那是不能允许的，因为这样将破坏学校的教育计划和国家培养干部的计划。

你说如不批准你转系和留级，你为了要争五分，就不惜把身体在一年半到两年内搞垮，然后被送回国。这种想法和做法更是错误的。你的几次来信中说，你的身体垮了，别人要“担负不起”，“若不批准留级，不出二年身体准垮”……难道你以“搞垮身体”来威胁什么人吗？我要告诉你，如果你真的这样搞垮身体，我是一点也不会同情你的，更不会觉得有什么值得惋惜的，其他同志们也是不会同情你的。你必须改正你这种错误的态度，放弃你这种错误的想法，老老实实地完成你五年学习的任务，即使不是以五分而是以三分或四分毕业，那也是可以欢迎的。

至于你在学习中有困难，在学习时间与休息时间的安排上，存在着矛盾，这是事实，也是我们可以理解的。世界上的一切事情，如果你要认真做好，都是要克服困难的。马克思说过："在科学上面是没有平坦的大路可走的，只有那在崎岖小路的攀登上不畏劳苦的人，有希望到达光辉的顶点。"而且，"一切事的开头总是困难的"。你要决心克服困难，要学会如何解决各种矛盾，首先要学会适当地解决你现在学习时间与休息时间的矛盾。

你要的衣物等，我已告光美不要寄给你，因为你们出国前公家曾发给你们五年用的衣物，现在每月又有足够的津贴，你自己走时又带了额外的衣物，你应该是不缺少什么用的，不要太注意衣物的式样时髦与否，能实用就行了。

你的许多来信中，均向我们坦白地反映了你的思想状况，这很好。但是，你每次信都是匆忙地写出的，而关于你，我又只接到你一方面的信，使我不能有系统和全面地了解你的情况，只能根据你的许多封信给我的印象，归纳出几个原则问题向你表示我的意见。如果这次信仍不能对你有所帮助的话，我准备把你的一切来信和我给你的信都转给大使馆的党组织，请他们根据这些材料，就近了解你的情况，帮助你改正你的错误的思想和行为，解决你的问题，以免产生不好的影响。

刘少奇

一九五五年六月二十日

【品读导航】

这是刘少奇1955年6月20日给在苏联留学的儿子刘允若写的信。自刘允若提出转学转系的要求后，刘少奇写了两封长信对他进行批评、教育和帮助。刘允若表面上接受了父亲的批评，但思想上并未真正承认错误，因此又提出了留级的请求。知道了他的这一要求后，刘少奇写了这封信。

在信中，刘少奇谈了他对学习和分数的看法。他认为："不能过分重视学校中学得的知识，更不能过分重视所得分数的多少。"因为"学校中学得的知识原来就是不完全的……而比较完全比较切实的知识，是要在实际工作中去学习的"。因此，刘少奇指出，儿子那种"不是门门五分就应允许留级的说法"是错误的。这种认识，和我们今天大力提倡的素质教育不谋而合。老一辈革命家在几十年前就肯定了的素质教育，将给我国的教育理论和教育实践以深刻的启迪。

信中，刘少奇对于儿子刘允若寄予了深切厚望与深厚挚爱。面对儿子面临求学受阻、打退堂鼓的打算，刘少奇先是安抚，之后又点拨规劝。儿子是焦虑不安的，父亲是爱子心切的，但是这一切都要正视现实。这封信看似平常，却寄托着老一辈革命家的政治理性和处世哲学。

★ 故事分享 ★

革命理想高于天

赵　越

“雪皑皑，野茫茫，高原寒，炊断粮……”这是《长征组歌》里一首歌的开头，这足以体现红军在爬雪山、过草地时的艰辛。

红军在爬雪山、过草地时是最艰难的，虽说这一段路只是长征中的一小段，但它却是最艰苦、最磨炼人意志的一段路。夹金山、梦笔山、亚克夏山、昌德山、达古山，这是红军翻越的五座大雪山，海拔均超过4000米，极其凶险。松潘大草地是中国海拔最高、最凶险的草地。

只听这些山的名字，我们可能都会畏缩。红军要在环境恶劣的前堵后追中翻过五座大雪山和一片巨大的草地，真是无法想象！试想，除了自然条件，四面八方到处都是国民党的追兵，不得不处处提防。红军缺衣少食、超强度的跋涉是我们这一代人所无法体会的。

那么，靠着什么使红军战士在面对严寒、饥饿、缺氧以及死亡时都能勇往直前呢？只有一种精神才能使普通战士做到这一点，那就是“革命理想高于天”的精神！天，可望而不可及，高于天就更不可能了。但是有这样一群人，在他们心里，革命精神比自己的生命还要重要，他们面对困难与艰险绝不退缩，而是舍生忘死，勇往直前，他们共有一个名字——红军。无数的困难与磨难都被他们踩在了脚下，他们是铮铮铁骨，是一支伟大的钢铁部队……

长征途中，红军战士们有的饿死，有的冻死，有的病死，看着面前自己的战友一个接一个地倒下，他们忍住悲痛，战胜严酷的环境。革命精神考验着他们的意志，就是这种精神支撑着他们一步一步翻越雪山，走出了沼泽，为我们后辈换来了今天安定、幸福的生活。

正是有了革命理想高于天的信念，红军才能稳稳当当地扎根在陕北那块黄土地上，并在解放战争中横扫千军，所向披靡，也才能在朝鲜战争中让目空一切的联合国军乖乖认输。有这样一群共产党人的不懈奋斗，中国必将无敌于天下……

学生感言

革命战争年代，无数共产党人面对敌人的严刑拷打而英勇不屈，靠的是坚定的理想信念。和平建设时期，无数共产党人为了建设社会主义而忘我工作、艰苦奋斗，靠的还是坚定的理想信念。改革开放新时期，无数共产党人为了实现中华民族伟大复兴的中国梦而无私奉献，靠的仍然是坚定的理想信念。正是有了无数共产党人为了崇高理想的不懈拼搏和奋斗，我们才取得了举世瞩目的辉煌成就，我们比历史上任何时期都更接近中华民族伟大复兴的目标。

请大使馆党组织对刘允若进行严格的批评和处理

——致刘英[①]

1955年6月22日

刘英同志：

我的第二个儿子刘允若，乳名毛毛，去年到莫斯科航空学院学飞机无线电仪表。据他来信说，成绩不坏，多数五分，但和同学们及中国团的组织的关系闹得很坏，和苏联同志的关系也不好，最近又闹着要留级和转系，并已躺下不考试，要到大使馆去要求留级转系。

我已写过三封长信给他，严格地批评了他的错误，并作了一些解释，但效果不大。因为我只得到他一方面的信，而且他的问题是要由大使馆党的组织去解决的，因此，我把他的全部来信和我给他的两封信送给你（我给他的第一封信未留底子，所以不能送你，大使馆可向刘允若要来看），请你看看，并请你转交莫斯科大使馆党的组织，以便了解他的思想，给他以批评教育和处理他的问题。我不知大使馆负责这方面

---

① 刘英，当时在外交部主管人事工作。

事务的人是谁，不便直接委托他，请你代我委托他，请他对刘允若的错误思想和行动进行严格的批评和处理，不要怕他难受。为了教育有严重毛病的孩子，我和党的组织密切合作，是完全必要的。

刘允若在上海生长，四岁时，我就离开他到苏区去了，他母亲被捕牺牲，他就被人送到一个贫苦农民家做养子。十二三岁时到上海当学徒，卖报纸，受过一些苦，但也染上一些坏习气。十五岁时接到我处，即送他入学校，但他同我的感情是不很好的，我的话，他是不大听的，他的真实思想也是不大向我说的。最近他向我写了很多信，比较坦白地暴露了他的一些思想，这倒有一些好处。因此，我将他这些信交给党的组织，最好暂时不要告诉他，以免他以后向我写信也不说真话了。

我看，刘允若是有严重的个人主义的。对资产阶级的生活也有些向往，但还不很严重。他把敌人当作朋友看待的那类错误还没有发现过，但把同志和朋友当作敌人看待的这类错误就常常发生。正因为这样的原故，我不赞成他以后从事政治工作和文学工作。

关于他请求转系和留级的问题，请大使馆酌情处理。他不愿学无线电，这属于他自己的职业选择，如他坚持，让他学马达以至普通的机械制造，我想也是可以的。但转系也不一定要留级。至于他学文学或新闻，可能和他自己的爱好比较接近，但我不赞成他学这些。前面已说过，他的阶级立场就不正确，从事这些工作是不会有好的成就的，而且学政治、文学也不必在苏联学。

他六月十六日来信我还未回答他，我准备这样的回答他。

费心之处，请予原谅！

敬礼！

刘少奇

六月二十二日

【品读导航】

这是刘少奇给外交部主管人事工作的刘英写的一封信，目的是请中国驻苏联大使馆的党组织和相关负责人对刘允若进行批评教育，帮助他改正错误思想。

自从刘允若提出转学转系和留级的要求后，刘少奇非常重视，认为这是他的个人主义思想的表现，因此连续写了三封信对他进行教育和帮助。虽然刘允若回信表示承认错误，但并没有真正改正，而且还以各种借口坚持自己的观点。刘少奇感到问题严重，决定“和党的组织密切合作”，请大使馆的同志“对刘允若的错误思想和行动进行严格的批评和处理”。于是他写了这封信，并将父子俩的通信全部交给了党的组织。

这封信体现了刘少奇严谨的工作作风和高度的组织原则性。首先，他对刘允若的评价是比较客观公正的，既说他的缺点，也说他的优点。他认为刘允若身上有一些坏习气，“有严重的个人主义”，甚至认为他的阶级立场不正确；但并没有对他全盘否定，同时也指出他“成绩不坏”，“对资产阶级的生活也有些向往，但还不很严重”。因此，刘允若虽是“有严重毛病的孩子”，但是可以教育好的。其次，刘少奇对待同志坦诚信任。信中他介绍了刘允若的成长简历，提供了父子俩沟通的信件，表明了自己的态度，但在具体问题上并不指示命令，而是“请大使馆酌情处理”，表现了对大使馆同志的尊重和信任。

主动把自己的思想、言论和行动放在党和人民的监督之下
——致刘允若

1956年1月21日

亲爱的允若：

你一月三日的来信收到。因为你有几个月没有来信，我对你的情况是有一些挂念的，接到你这封信，了解你的问题基本上还没有解决。

你的要求是要转学或者转系。你到底想学什么？你想干哪一行？你应当直接提出你的要求，同我讨论，同组织上讨论，而不要绕弯子，不要找什么借口（例如说，不是不愿意学下去，而是同这一班人处不好）。

关于你学什么的问题，在你出国以前，我曾经同你讨论过。我说，不管你将来干什么，我劝你学一门专业，因为学一门专业知识，对于你将来不论干什么工作都有好处，如果别的工作不能干，可以干自己的专业，而如果没有一门专业知识，则可能不论什么工作都难于干好。你现在学完（只要五年）你的专业，不独不会妨害你将来干别的工作，相反，只会有帮助。例如，孙中山原来是学医的，并不妨害他后来成为伟大的政治家；鲁迅原来也是学医的，并不妨害他后来成为伟大的

文学家；毛主席原来是学教育的，并不妨害他成为我们党的领袖。其他这样的例子还很多。如果你是有创造才能的，你现在学完你的专业，难道会妨害你将来去干别的什么吗？不会的，只会有帮助，不会有妨害，正如孙中山、鲁迅学医，毛主席学教育，不会妨害，只会帮助他们后来成为政治家、文学家和党的领袖一样。作为一个政治家或文学家，不只是需要一门专业知识，而且要有各方面的知识，要有创造性的天才。对于一切有天才的人，不管他学的是什么专业，谁也不会禁止他将来成为文学家、政治家，或者成为党和国家的领袖，而如果没有这样的天才，如果不能取得党和人民的拥护，那是任何人也不能强求的。你说你将来去当教员，那末，学好你的专业，不会妨害你去当教员，只会使你当一个更好的教员。

你在中学的时候，是闹过转学的，结果，你失败了，你还是回到了原来的学校。现在你又闹着转学，我看，你的理由是不充足的，你转学别的学科，不见得对你一定会有很多好处。但你还是可以直接提出你的要求，组织上会考虑尽量满足你的要求。如果你要学文科的话，那末，就不必在苏联学习，回中国来学习会更好一些。

在你的来信中还表现了一种悲观的情绪，表现了一种错误的悲观的人生观。这是很不好的。青年人不应该有这种情绪。生一点病，是会好的，不应该影响情绪。你所表现的这种情绪，必须力求转变，必须对一切抱乐观的态度，否则，对于你是危险的。

你在国内的时候，不多谈话，暴露你的思想问题也不多，因此，我也无法在思想上帮助你。你到苏联以后，却写了不少的信给我，因而也就暴露了你不少的思想问题，这就很好，就有可能使我针对你的这些思想问题来帮助你一下。所以我写了好几封长信给你，并把这些信转给了大使馆党的组织，使党的组织也有可能来帮助你。对你的这种帮助表现为对你的错误思想的批评，而你是不大欢迎这种批评的，以为这种批评是说你的短，或者说是在“骂”你。这是不对的。不能把诚恳地恰如其分地指出你某种错误的批评同骂人混淆起来。骂人是对人的一种恶意的攻击，也不怎样讲究实事求是，这种毛病，我倒常见你犯过。同志式的善意的批评，则是对人的一种最好的帮助。所谓良药苦口利于病，忠言逆耳利于行，就是讲的这种批评。这是必须欢迎，而不应当拒绝的。接受这种批评，改正错误，也并不丧失什么“面子”，相反，凡是自爱的有自尊心的人，都应当欢迎这样的批评。不要把正当的自尊心同保存一种虚假面子混淆起来，以为接受同志们的批评，改正错误，就丧失了自尊心。你说你已经习惯于领受这种批评，这很好。每一个人都应该习惯于虚心领受同志们的批评。这就是中国古人所说的“闻过则喜”的态度，是很好的。但不要厚着面皮，表示一种沉默的拒绝态度，或者丧失自己正当的自尊心。

你写来这封信，当然又暴露了你的一些思想问题，这很好。既然有了问题，向我，向同志们说出来，总比不说要好。因为不说，不等于没有问题，问题还是存在；说出来，你的同志，你的亲属，才好帮助你。你说，你在写这封信以前，“仍然犹豫要不要写这些”，你“感到写这些没有用”。你写这些，不是没有用，而是很有用。我欢迎你写这样的信给我，就是说，欢迎你爽直地、无隐讳地把你思想上的问题告诉我。然后，我就可以告诉你，哪些你是对的，哪些你是不对的，从而就可以鼓励你对的方面，增加你的信心，警惕你不对的方面，获得及时的纠正。

你说，你在不久以后可能在大使馆看到你这封信。你的估计是对的。你不要反对我在有必要的时候把你的信转交你那里的党的组织，从而不只是我，而且有你那里的党的组织也了解你的思想情况，以便更好地处理你的问题，帮助和教育你。以前我曾这样做过，以后，有必要的时候我还要这样做。这对你只会有好处的。你必须了解，每一个人都不应当躲避党和人民的监督，而应当主动地把自己的思想、言论和行动放在党和人民的监督之下。

总之，你近来所表现的思想问题是严重的，你的主要问题还没有解决，你应该向大使馆党的组织请求解决你的问题。解决办法，第一，是你在思想上想通，继续学习你现在学的专业，认真地愉快地学下去，学好回来，这样是好的；第二，请求转学或者转系，如果大使馆党的组织批准你转，我是不反对的；第三，如果转学转系不可能，你又实在不愿学你现在学的专业，那你应当考虑是否请求退学，及早回国。你应当就以上三个办法及早下决心，不要再犹豫不决了。

这封信你送给允斌[①]看看，并同允斌商量，迅速决定你的问题。

你告诉允斌，我同意他继续实习，一直学好回来。我不反对曼娜[②]也参加实习。曼娜来中国的问题，如果已经决定，就不必再改变了。

---

① 允斌，即刘允斌，刘少奇的长子。当时也在苏联学习，1957年回国工作。“文化大革命”中受迫害含冤而死。

② 曼娜，即曼娜·费多托娃，苏联人。1950年同刘允斌结婚，1960年离婚。

祝你健康、愉快！

刘少奇

一九五六年一月二十一日

【品读导航】

这是刘少奇1956年年初给儿子刘允若写的一封信，对他的错误思想继续进行教育和帮助。

刘少奇请大使馆党组织对刘允若进行批评教育的信发出后，大使馆的同志开展了一些工作，帮助刘允若提高认识，端正思想。此后的几个月，刘允若没有给父亲写信，为此，刘少奇很是挂念。直到1956年1月3日，刘允若才给父亲写了一封信。收到儿子的来信后，刘少奇了解到刘允若的思想问题还没解决，于是又给他写了这封回信。

在信中，刘少奇先对刘允若进行开导。他用孙中山、鲁迅、毛泽东的例子，说明学好一门专业对于将来无论干什么工作都有好处，因此刘允若学好现在的专业并不妨害将来向其他方面发展，不能老抱着转学转系的念头不放。接着，刘少奇对刘允若信中暴露的悲观思想和虚荣心理进行了批评，要求他正确对待疾病，正确对待别人的批评和帮助，纠正错误，树立信心。最后，刘少奇为刘允若指出了解决问题的三个办法，让他及早下决心，彻底解决问题。

刘少奇的这封信，有开导，有批评，有解决问题的办法，坚持自己的观点而又不强加于人，即使对自己的儿子也是循循善诱，显示出他做思想政治工作的高超艺术。

★ 故事分享 ★

光明先锋

周润皓

“我将认真地开始做一个无私的光明的追求者了，把自己变作一片光明，照彻这黑暗如漆的世界。”这是“五卅惨案”后，一名年轻的共产党人借所著小说主人公之口抒发的革命情怀。

10年后，这位笔名“洛甫”的青年，在追求光明的漫漫征途中成长为协助毛泽东改变红军命运的重要人物——中共中央政治局委员，他叫张闻天。

与掌握革命走向的高层决策者一道，广大红军指战员亦踏上了追求光明的征途，踏上了艰苦卓绝的长征。纵观世界革命史，无不充斥着死亡和流血。在这条注定由一条条曾经鲜活的、拥有超越时代的政治抱负与革命理想的生命所铺就的道路上，革命必是无比艰难。

1935年的夜是如此漫长，与由此上溯至1840年——中国近代屈辱之开端所隔数十年不尽相似。漫漫长夜下是死寂，是沉睡，是黑暗。堂堂中华虽不乏仁人志士，无奈普天之下觉醒者未见滔滔如大江之势。戊戌变法，维新百日即遭受旧派反扑，六君子罹难；广州起义，内外受阻，遭清廷镇压，72烈士魂归黄花岗；辛亥革命，孙中山建立共和推翻皇室，但又遭袁世凯窃国……而今，中国共产党毅然点亮火把，化自身为光明，在重重围剿中，力图照亮天地，唤醒国民。

在这样一支由政治精英和普通战士平等组成的军队中，坚强的意志与无与伦比的勇敢支撑着每一位指战员追寻光明的信念。红军全体官兵皆以先锋之姿态，于10倍于自己的敌人面前冲锋陷阵。湘江一战，南北关隘的守军于绝境中毅然誓死抗敌，阵亡五万余众。但中国革命之路不能就此止步，改天换地之心不能就此猝然停跳。

血之代价！是新圩阵地上，自师至团列位指挥员率下属处劣势亦反攻而不顾自我；是界首阵地上，红一军团二师在开阔地与敌拉锯交战，在冲天烈火中持刀而上，义无反顾；红五军团三十四师师长陈树湘被俘押送中，自断肝肠，魂断长沙……血之代价竟是如此悲壮！没有了呼吸的年轻战士依旧怒目圆睁，一只手已然炸断，但食指依旧紧紧地按在驳壳枪的扳机上。

渺小个体与泱泱大国的命运在光明的指引下，如此紧密相连。忠诚于信念的战士向着漫漫征途义无反顾地前行。纵然黑暗中的子弹洞穿了他们的胸膛，但在满腔热血的祭奠中，不去的生命将化作新的光辉，指明后继者的方向！

此刻，天地将多么广阔，生命将何等荣耀！

学生感言

万里长征，多少英魂涅槃，在那滔滔的大渡河上，在那巍峨的雪山之巅，在那泥泞的茫茫草原，那亘古不灭的信仰是永远。朝鲜战争，鲜血淌满山河，轰鸣的枪炮声，伴随绮丽的落日，在英雄壮烈地挺身向前、子弹呼啸着穿过他不朽身躯的那一刻，那保家卫国的信念是永远。

青年人更要跑到时间的前面
——致刘允若

1956年2月1日

亲爱的允若：

一月二十五日来信收到。你上次的来信，我已于一月二十一日答复了你，现在你大概已收到了我的那封信，现在我没有新的意见。关于你转学的问题，我在上一次的信中已经说过，我是不赞成你转学的，但是，如果你一定要求转学，而且大使馆的党组织也同意的话，我是不反对你转学的。

你在这封信中提出要转入有关原子能方面的科系学习，我认为你现在所学的专业——无线电电子学和仪表，正是同原子能工业密切联系的。为此，我将中国科学院副院长吴有训的一个讲稿寄给你，你在这个讲稿中可以看到无线电电子学同原子能的密切关系。他说：“有些人只看到原子能研究的重要性，而对无线电电子学的重要性估计不足，这是不对的。”原子能工业离不了电气仪表，是倚靠仪表来操纵的。你学了电气仪表，就可以到原子工业部门工作。而且将来的飞机、轮船等也很可能是用原子能来发动。允斌是学化学的，可以到原子工业部门工作，你学好你的专业，将来更可以到原子工业部门工作，而且可以到火箭、飞弹、远程控制以至星际交通等事业方面工作。所以你由现在所学的专业转去学原子能，是没有必要的。你说：你不喜爱自己的专业，想转学原子能。你为什么不喜爱自己的专业？你既不喜爱电子专业，难道又会喜爱原子专业吗？你现在既不懂原子专业，也不懂电子专业，你现在的所谓喜爱或不喜爱，都是盲目的，为此而闹情绪，有点近乎瞎闹。我劝你安下心来，学好一门专业，再讲别的。你现在学好电子专业（只有四年半），将来完全可以再学原子专业，或直接到原子专业部门工作。当然，前面已说过，如果大使馆允许你去学原子专业，我是不反对的。不过我以为你这样转学，不会为你带来什么好处。

随信寄上报纸一张，内中有毛主席在最高国务会议上的讲话①。毛主席说：我国人民要在几十年内努力改变我国在经济上和科学文化上的落后状况，迅速达到世界上的先进水平。为了实现这个伟大的目标，决定一切的是要有干部，要有数量足够的、优秀的科学技术专家。你学好你的专业，就有可能成为这样一个专家。这是很好的。你已经离开祖国一年半了，祖国在这个时期进步很大，农业在今年内可以基本上实现半社会主义性质的合作化，许多大城市已进入社会主义社会，其他方面的工作正在又多、又快、又好、又省的情况下进行，每个同志，每个中国人民，都在更努力地工作和学习着，青年人更要跑到时间的前面，难道你不准备响应主席的号召，快些学成为一个优秀的科学技术专家，参

① 指1956年1月25日毛泽东在最高国务会议第六次会议上的讲话。见《毛泽东著作选读》下册《社会主义革命的目的是解放生产力》一文。

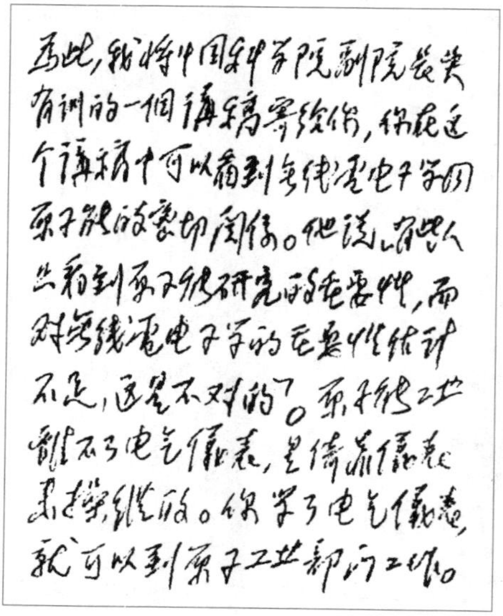
因此，我将中国科学院副院长吴有训的一个讲稿寄给你，你在这个讲稿中可以看到无线电电子学同原子能的密切关系。他说：有些人只看到原子能研究的重要性，而对无线电电子学的重要性估计不足，这是不对的。原子能工业离不了电气仪表，是依靠仪表来操纵的。你学了电气仪表，就可以到原子工业部门工作。

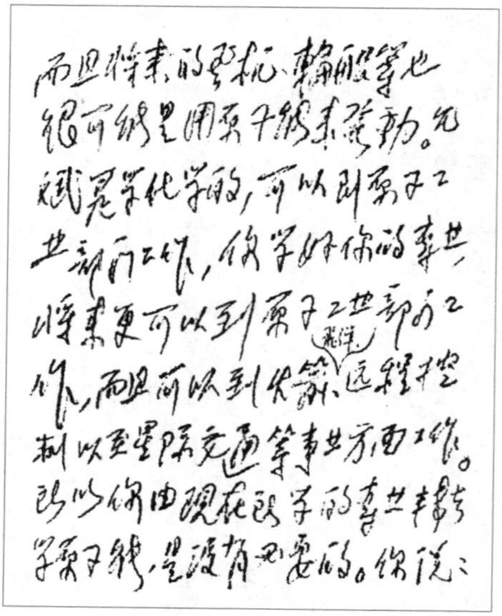
而且将来的飞机、轮船等也很可能是用原子能来发动。先战是学化学的，可以到原子工业部门工作，你学好你的专业，将来更可以到原子工业部门工作，而且可以到火箭、飞弹、远程控制以至星际交通等专业方面工作。所以你由现在所学的专业转学原子能，是没有必要的。你说：

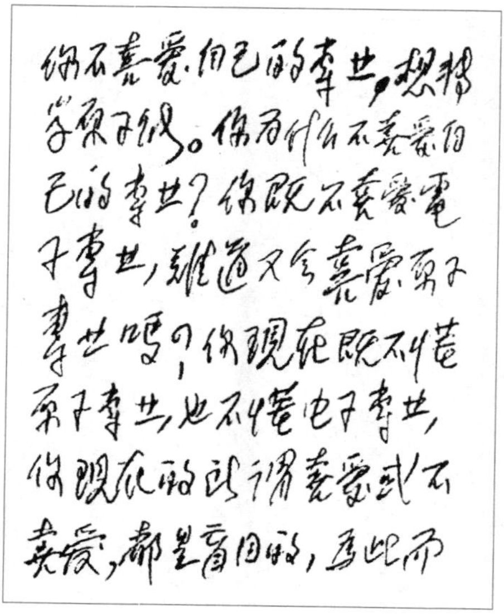
你不喜爱自己的专业，想转学原子能。你为什么不喜爱自己的专业？你既不喜爱电子专业，难道又会喜爱原子专业吗？你现在既不懂原子专业，也不懂电子专业，你现在的所谓喜爱或不喜爱，都是盲目的，因此而

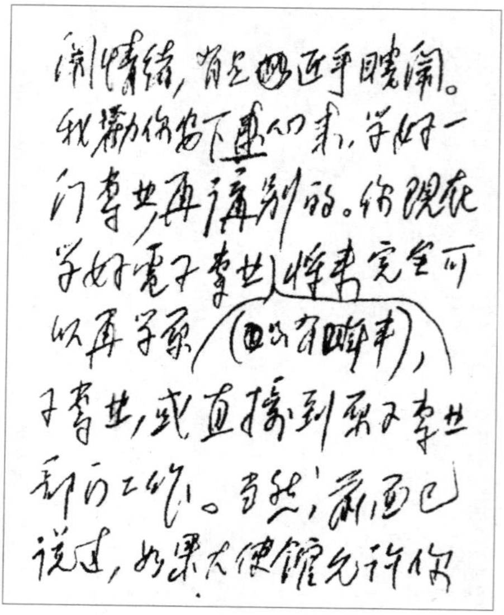
闹情绪，首先近乎瞎闹。我劝你安下心来，学好一门专业再讲别的。你现在学好电子专业，将来完全可以再学原子专业（因你有电子专业），或直接到原子专业部门工作。专业，前面已说过，如果大使馆允许你

加祖国的伟大的社会主义建设事业么？你应当立即振作起来，安心学习下去。

你要的小说，光美早已寄给了你。

刘少奇[①]

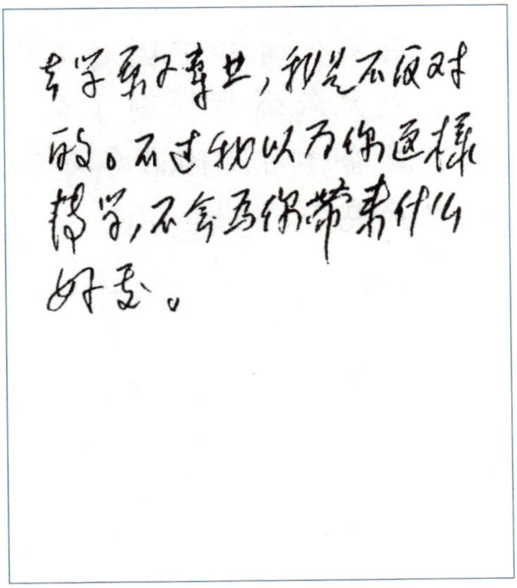
转学系的事也，我是不反对的。不过我以为你这样转学，不会为你带来什么好处。

【品读导航】

这是刘少奇1956年2月1日给儿子刘允若写的一封信。

刘少奇在教育刘允若上花了很多心血，单是转学转系问题，父子俩便几次书信往返。之后，转学转系之事不提了，刘允若又提出了留级的问题。经过一番劝导和教育，刘允若不再提留级的事，但又在1956年1月25日的信中提出转入原子能方面科系学习的要求。收到儿子的信后，刘少奇又马上写了这封回信。

信中，刘少奇对刘允若转系的要求进行了耐心的分析，认为他转系的要求是盲目的，为转系而闹情绪的做法更“有点近乎瞎闹”。因此，他劝儿子“安下心来，学好一门专业，再讲别的”。

批评教育儿子，是希望他早日成才，因此刘少奇在信中附寄了毛泽东在1956年1月25日的最高国务会议上的讲话，鼓励儿子“要跑到时间

① 原信未署时间。当为1956年2月1日。

的前面”，快些学成为一个优秀的科学家，参加祖国伟大的社会主义建设事业。

在刘少奇和当时中国驻苏联大使馆党组织的帮助和教育下，刘允若逐步提高了认识，按国家的需要和组织的安排，勤奋学习。1960年夏天，他回国工作，后来加入了中国共产党。

★ 故事分享 ★

惊天动地上甘岭

王天冶

经过几次大战，志愿军逐渐变得虎跃鹰扬，借助仿制美军的武器和苏联提供的坦克、大炮以及后勤部队的改善，使在前线的部队有了粮食和弹药。我们的军队也有炮弹了！我们也有坦克和火箭炮了！几次阵地战连连告捷，皆大欢喜，可心中总有一个声音“快到了，快到了”。

是啊，接下来就要到极为残酷、死亡巨大、被全世界关注、被称为“绞肉机”的上甘岭战役了。1952年10月14日，在320门大口径火炮、27辆坦克和百余架轰炸机、歼击机的轰炸下，上甘岭战役开始了。在这个小山包上，杀得联合国军血流成河，让范佛里特丢掉了职位，把谈判桌上的美国人打得老老实实，志愿军也伤亡了1.6万名热血战士。毫无疑问，这是一场惨烈之极的战役，在这里，志愿军中涌现出了一个个可歌可泣的英雄。

黄继光，一个如雷贯耳的名字，他的事迹深深地感动了我。

“一个名叫黄继光的士兵拖着已经流干血的身体，沉重地扑向了高地上最后一个敌军大地堡的枪眼，黄继光的指导员冯发庆在美军机枪被堵住的那一瞬，撕心裂肺地呼喊着冲向地堡，往里面整整灌了一百发机枪子弹，然后扔掉机枪抱住了胸腹部被打了个海碗大窟窿的黄继光……”读着这段话我被震惊了，黄继光在他生命的最后时刻选择了用自己的身躯换取连队的胜利，不，在挡住枪眼之前他的血已经流干，做出这惊天动地的壮举完全是靠他的毅力和责任感，这是一种惊人的超级精神力量。

黄继光牺牲了，可他的精神将在中国永垂不朽。听，每个晚上连长点到黄继光的时候全连战士都回喊道：“到！”

学生感言

激动振奋之余，我更感到肩上的责任！强军之路、强国之路还要依靠我们这些新一代人的传承发展，我愿意肩负这些责任！

朱 德
（1886.12.1～1976.7.6）

伟大的马克思主义者，伟大的无产阶级革命家、军事家、政治家，中国人民解放军的主要创建人之一，中华人民共和国的开国元勋，是党的第一代中央领导集体的重要成员。字玉阶，四川仪陇人。1909年11月考入云南陆军讲武堂，同年加入孙中山领导的中国同盟会。1911年，在云南参加响应辛亥革命的武装起义。1915年参加反对袁世凯复辟帝制的护国战争。1917年任滇军旅长，在四川参加反对北洋军阀段祺瑞的护法战争。1922年，为寻求革命真理赴德国，在柏林加入中国共产党。1925年到苏联学习军事。1926年夏回国，受中共中央派遣到四川军队中进行革命工作。1927年初到江西南昌创办国民革命军第三军军官教育团，培训革命军事干部。1927年，国共合作破裂后，参加领导南昌起义，任起义军第九军军长。1928年率领部分南昌起义部队，发动了湘南起义，然后上井冈山，同毛泽东领导的部队会合，成立了工农革命军（不久改称红军）第四军，任军长。1930年8月任中国工农红军第一方面军总司令，中国工农红军总司令。1931年中华苏维埃共和国临时中央政府成立，任中央革命军事委员会主席。他先后同毛泽东、周恩来一起，指挥红军战胜了国民党军队对中央革命根据地的四次“围剿”。1934年1月在中共六届五中全会上当选为中央政治局委员，同年10月参加长征。1935年1月在遵义会议上支持毛泽东的正确主张。会议确立了以毛泽东为代表的新的中央的正确领导，决定仍由最高军事首长朱德、周恩来为军事指挥者。长征途中，坚决执行党中央的方针政策，同张国焘分裂共产党和红军的行动进行了坚决斗争。1937年全国抗日战争爆发后，任国民革命军第八路军总指挥（不久改称国民革命军第十八集团军总司令），并任中共中央革命军事委员会副主席兼军委前方分会书记。率八路军开赴华北抗日前线。1940年5月，从前线返回延安，参与中共中央和中央军委的领导工作，协助毛泽东指挥全国各抗日根据地的斗争。提出“南泥湾政策”，开展大生产运动，以打破国民党对陕甘宁边区的经济封锁。1945年在中共七届一中全会上当选为中央政治局委员、中央书记处书记。在解放战争中，任中国人民解放军总司令。1947年3月同刘少奇等组成中共中央工作委员会，到华北进行中央委托的工作，组织和领导了解放石家庄的城市攻坚战。在战略决战阶段，参与组织和指挥了辽沈、淮海、平津三大战役。1949年4月，和毛泽东一起发布《向全国进军的命令》。1949年10月中华人民共和国成立，当选为中央人民政府副主席，并被任命为中央人民政府军事委员会副主席、中国人民解放军总司令。在1954年第一届全国人民代表大会上当选为中华人民共和国副主席。在第二、第三、第四届全国人民代表大会上连续当选为全国人大常务委员会委员长。1955年被授予中华人民共和国元帅军衔。在中共八届一中全会上当选为中共中央副主席、中央政治局常委，并任中央军委副主席等职。在“文化大革命”期间，曾遭到林彪、江青反革命集团的侮辱和攻击，但受到毛泽东的保护。在十届一中全会上，继续当选为中央政治局常务委员。1976年7月6日在北京逝世。主要著作收入《朱德选集》、《朱德军事文选》等。

我十数年来实无一钱，即将来亦如是

——致戴与龄[①]

1937年11月29日

与龄老弟：

我们抗战数月颇有兴趣。日寇虽占领我们许多地方，但是我们又去恢复了许多名城，一直深入到敌人后方北平区域去，日夜不停的与日寇打仗，都天天得到大大小小的胜利。差堪告诉你们，昨邓辉林、许明扬、刘万方[②]等随四十一军来晋已到我处，谈及家乡好友，从此话中知道好友行迹，甚以畅快。更述及我家中近况，颇为寥落，亦破产时代之常事，我亦不能再顾及他们。惟家中有两位母亲[③]，生我养我的均在，均已八十，尚康健，但因年荒今岁乏食，恐不能度过此年，又不能告贷，我十数年来实无一钱，即将来亦如是。我以好友关系向你募贰佰元中币，速寄家中朱理书收。此款我亦不能还你，请作捐助吧。我又函南溪兄[④]

① 戴与龄，朱德在四川的好友。
② 邓辉林、许明扬、刘万方，都是朱德的亲戚。
③ 两位母亲，指朱德的生母钟氏和养母（大伯母）刘氏。
④ 南溪兄，指朱德的前妻陈玉珍。陈是四川南溪人，故称“南溪兄”。

〈寄〉贰佰元，恐亦靠不住，望你做到复我。此候，近安。

朱　德

十一月廿九日于晋[1]洪洞战地

【品读导航】

这是一封交织着国事家事、既报国又孝母的充满真挚感情的书信。

当时，朱德总司令正率领八路军总部到达陕西省韩城县芝川镇，准备渡过黄河进入正燃起抗日战火的山西大地。9月底，在没有亲人音讯10多年后，终于与四川的家中取得了联系，而外甥许明扬等也随四十一军来到了山西，给朱德带来了渴盼已久的家中消息。

在战火纷飞的年代，有几家能过好日子？朱德也同常人一样有着自己的感情。当音讯全无、生死两茫茫的时候，他多么急切地想知道亲人怎样、家事如何；而当亲人来到身边，带来的消息却又是忧多乐少。两位年届八十的生母、养母虽然健在却又遇到荒岁乏食，恐不能度过此年的威胁。虽身为八路军总司令，却因身无分文，连寄钱尽孝的能力都没有，真是200元难倒了总司令，无奈之下，只得求助川中好友了。信中充满了信赖与厚望。信结尾处的“望你做到复我”，其言外之意是你一定要把钱寄到再给我回信，而且借钱的时候就坦陈“此款我亦不能还你，请作捐助吧”。朱德的前妻陈玉珍，四川南溪人。“我又函南溪兄”是指又给陈玉珍写信嘱她寄款，但又担心她可能也没有这财力，因此把寄钱

---

① 晋，山西的简称。

救急的主要希望还是寄托在戴与龄的身上了。

信中多次提到两位母亲，是指他的生母和养母。1886年12月1日，朱德出生于四川省仪陇县马鞍场李家湾的一个佃农家里。朱德的生母钟氏（1858—1944）从小生长在极端贫困、社会地位十分低下的流浪艺人家里。钟氏19岁嫁到朱家，数十年如一日，每天天不亮就起床，煮了全家的饭，还要种田、种菜、喂猪、养蚕、纺棉花、挑水、挑粪，生朱德的前几分钟还在灶前煮饭，朱德呱呱落地之后，她又起身接着做饭。钟氏生有13个子女，由于生活艰难，有5个刚刚生下来就被溺死。朱德两岁时被过继给大伯父。大伯父因无后，遂领养朱德为嗣。这样朱德又多了一对养父和养母。钟氏晚年虽知道自己的儿子担任了八路军总司令，但仍不辍劳作，自食其力。她唯一所求就是在有生之年能见儿子一面，因处于抗战时期，朱德身负重任，钟氏未能如愿，1944年2月15日，以86岁高龄辞世。朱德生母去世之后，蔡畅在延安纪念三八妇女节大会上说，朱德生母的模范行为是妇女界的光辉榜样。1944年4月10日，延安各界100多人为朱德生母举行了隆重的追悼大会。中共中央的挽联是："八路功勋大孝为国，一生劳动吾党之光。"毛泽东的挽联是："为母当学民族英雄贤母，斯人无愧劳动阶级完人。"中共中央党校的挽联是："惟有劳动人民母性，能育劳动人民领袖。"钟氏去世后，朱德十分悲痛，百忙之中写下了《母亲的回忆》，发表在1944年4月5日延安出版的《解放日报》上。几十年后，一名外国记者问朱德："您一生最大的遗憾是什么？"朱德回答说："最大的遗憾就是老母逝世前连一杯水都没倒。"

★ 故事分享 ★

一个蜜橘让我懂得幸福

杨天啸

读《长征》时，我时常被红军身处逆境却依然奋勇前进的勇气，虽身处敌营却依然不改的信仰，或险些被抛弃，却还始终保有的那种执著所感动。但这次让我感动的却只是一个小小的蜜橘。

11月末，正是橘子红了的时候，也是中央红军开进道县，享受着短暂幸福时光的时候。他们那时正在城内品尝着道县的蜜橘。“蜜橘甜甜的汁液令疲惫的红军官兵的心情像连日阴雨后突然放晴的天空一样，晴朗而温暖起来。”如果单看他们的眼睛，确实是这样的，因为我只能看到那单纯的幸福感和对明天的憧憬。但如果再看看他们的身上，一套套整齐却带着血的军装，一个个沾有泥渍的绑腿……这些都无声地带着淡淡忧伤告诉我们红军这时的处境：离开自己熟悉的根据地，不断地战斗，越来越多的伤亡，横在前头的湘江……联想到这些，再回看那些幸福的眼神，我不禁怀疑，这个蜜橘带来的，是真正的幸福吗？

这是真正的幸福，但这种幸福是不可能长久的。因为那个时代，除了信仰，没有什么感情能维持长久。但没有关系——老百姓对红军的每一次赞扬和每一次笑容都令红军官兵激动万分；首长和士兵的每一次相互搀扶都让红军战士们感受到温暖；他们高唱的战歌，他们品尝的野菜，他们分享的柑橘，这些对他们来说都是幸福。我明白了，虽然没有幸福能长久，但红军官兵对身边的一点一滴的美好都去珍惜，因此他们能在任何情况下都得到幸福。

而相比于我们这些生活在现代的人却因为得到的太多和太容易而变得常常忽视周围的每一点美好。有谁会注意到初春鸟儿的啼叫？有谁关注到夏天草丛的初开小花？有谁能看透秋日落叶的美好而不是凄凉？就算深冬的寒风也能使雪花漫天飞舞。又有谁能从吃一个蜜橘而得到幸福？为和同学一起坐在明亮的教室听优秀的老师讲课而感到幸福？一切的一切，我们都认为理所应当，我们太应该珍惜周围的一切了，因为只有珍惜才能使人在幸福中感恩，从苦难中品味出甘甜，在绝望中站立起来。

我觉得红军走过两万五千里长征，不仅依靠的是信仰的力量，应该还有这种珍惜一切，从苦中生出的幸福。

学生感言

阅读让我感受到了许多：了解历史、现在和未来，进入更加广阔和五彩斑斓的世界，接触许多有价值的思想……我常常被文中的情景所吸引，为书中的人物命运所担忧，更为重要的是，让我屏蔽外界的“闹”以及一切干扰，而阅读汲取的精神力量，让我在静谧中体会不同寻常的世界，拥有了一种超能力，拥有了一种不可阻挡的力量，可以战胜一切烦恼和困难。

将来回来做些建国事业为是

——致朱敏[1]

1943年10月28日

朱敏女儿：

我们身体都好。朱琦[2]已在做事。高洁[3]还在科学院。兹送来今年上半年的相片两张。你在战争中应当一面服务，一面读书，脑力同体力都要同时并练为好。中日战争要比苏德战争更迟些结束。望你好好学习，将来回来做些建国事业为是。

朱 德

康克清[4]

一九四三年十月二十八日于延安

---

① 朱敏，朱德的女儿。
② 朱琦，朱德的儿子。
③ 高洁，即贺高洁，朱敏的表姐。当时在延安自然科学院学习。
④ 康克清，朱德的夫人。

【品读导航】

这是朱德和康克清1943年10月28日联名给远在苏联的女儿朱敏写的一封信。

朱敏于1941年3月进入苏联国际儿童院。苏德战争爆发后，1943年8月，她被德国法西斯侵略者送进了一座集中营做苦工。由于没有暴露身份，她有幸活了下来。德国法西斯投降后，朱敏于1945年7月又回到苏联国际儿童院。朱德写这封信时，朱敏正在集中营中，没能收到。信中，表达了作为父母、作为革命领袖对子女、对下一代的殷切期望，字数虽然不多，却饱含了深厚的感情和对革命胜利的信心，勉励朱敏在战争中要一面服务，一面学习，注意锻炼脑力和体力，这样才能在将来回到祖国为建国事业服务。

这封信写于1943年10月28日，日军于1945年8月投降，就是说，写这封信时距中日战争结束还有将近两年的时间。“中日战争要比苏德战争更迟些结束”这句话，证明了朱德对中日战争持久性的科学预见。

今后要在现场工作，你才能更进步
——致朱琦[1]

1965年4月9日

朱琦：

你的来信收到。你这次蹲点的经验，是正确的，作为改变你的思想和工作方法有很大益处。你过去的思想是封建和资本主义的思想交叉的，总是想向上爬，越走越不通，屡说也不改。这使你混过了你的宝贵时间。现在去蹲点，向群众看齐同吃同卧同劳动，深入了群众中去，就真正会了解社会主义如何建设，如何完成，就会想出很多办法。同群众一起创造出许多新的办法，推向前进。你们铁道部门是接管的企业，过去的旧框框没有打烂，又学苏联的新框框，就是迷失社会主义创造性的一条。现在在毛主席的辩证唯物主义的指导下，敢于创造出社会主义新类型，来改正铁道交通的新方法，是成功的。三结合[2]的方法，主要的还是群众。社会主义教育在全国均有很大进步，望你再去蹲点。今后工

① 朱琦，朱德的儿子，当时在铁道部门工作。
② 三结合，即在企业管理和科学技术工作中，干部、工人、技术人员相结合。

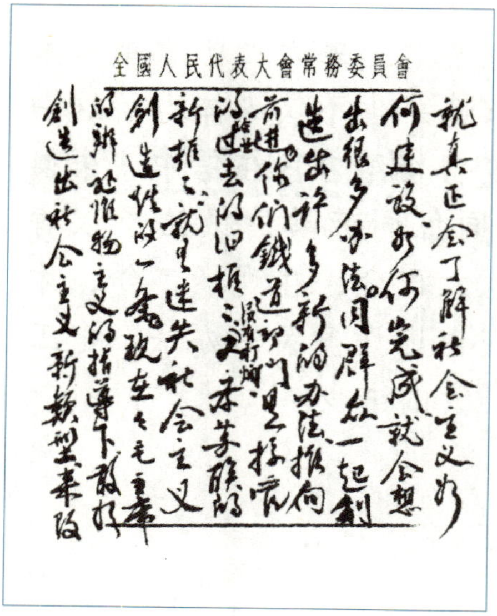

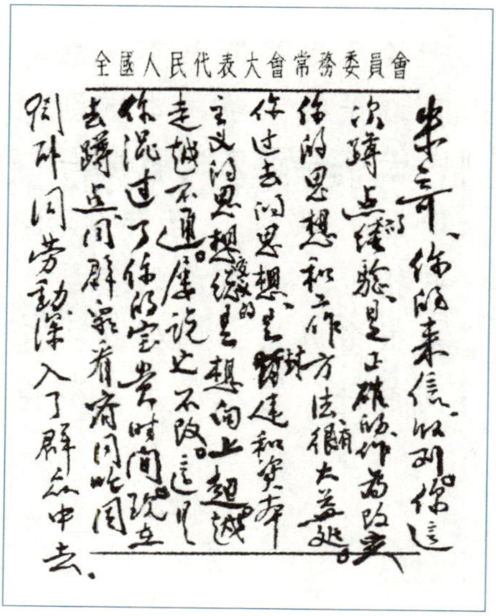

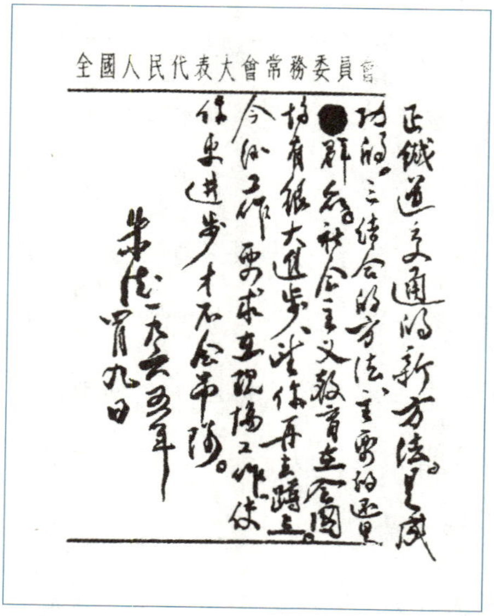

作要求在现场工作，使你更进步才不会掉队。

朱　德

一九六五年四月九日

【品读导航】

这是朱德1965年4月9日写给儿子朱琦的一封信，信中要求儿子要深入群众，在实践中取得进步。

中国共产党在长期的革命斗争中，形成了理论联系实际、密切联系群众、批评和自我批评的优良作风，这三大作风是中国共产党区别于其他政党的标志。密切联系群众、从群众中来、到群众中去的群众观点，是马列主义、毛泽东思想的基本观点，也是老一辈无产阶级革命家一贯遵循的一条基本准则。朱德一生不仅身体力行这一准则，而且要求子女也要与群众密切结合。在信中，朱德对朱琦深入实际、与群众同吃同住同劳动的做法予以肯定，并指出，只有深入基层，深入群众，在现场工作，才能想出很多办法，同群众一起创造出许多新的办法，把工作推向前进，自己也才能取得更大的进步。这是朱德对子女的家训，也是老一辈革命家对我们后来人的叮嘱和要求。

★ 故事分享 ★

亮 剑

包雨轩

在危机到来的时刻，在不得不背水一战的时刻，当与强者狭路相逢，当胜利的希望渺茫，中国，仍剑锋出鞘，用闪闪的寒光，展示出一个民族的性格和精神。

这是一个伟大的剑客。这是一个伟大的国家。

回想60年前那段令人心潮澎湃的历史，总是无比激动——无限的豪情被铸成了利剑，挽回了“东亚病夫”丢失了百年的尊严！

当美帝国主义的欲望无限扩张，友邻危在旦夕，国家面临威胁，刚刚建立的新中国虽百废待兴，虚弱的国力极难参与对外的战争，但毅然选择勇敢面对，为了国家的命运，我们要出兵！

纵观历史，我们的国家已经被侵略近百年，烧焦了国土的战火，吞噬着中国人的尊严。这是最后的斗争，我们要用志愿军这把利剑，终结这一个世纪的耻辱；用战争的胜利，树立一个崭新的中国。我们骨子里的自尊，使之愈是危难，愈是团结而坚强；我们心底里的不屈，使之愈是绝望，愈是沉着与无畏。我们要用这无畏的坚强，打败装备最先进的敌人。

在绝境中，中国人是真正的勇者——不妨看看战场上严冬时的雪地，哪个战士不是在同装备精良的敌人搏命？廉颇六十而尚有余勇，黄忠晚年得明主而老当益壮，何况是刚刚建立的新中国，一个朝气蓬勃的国家。每个志愿军战士都是抱着必死的决心、必胜的信念，义无反顾地走向保家卫国的战场。

出兵！中国人的亮剑，亮出了五万万中国人的尊严！

学生感言

当今的世界动荡不安，处处提醒着我们和平的脆弱。如果未来不像我们期望的那么美好，我们这代人就更加任重而道远，因为我们是未来中国的主人。

任弼时
（1904.4.30～1950.10.27）

伟大的马克思主义者，伟大的无产阶级革命家、政治家、组织家，中国共产党和中国人民解放军的卓越领导人。是以毛泽东同志为核心的中共第一代中央领导集体的重要成员。原名培国，号二南，湖南湘阴（今汨罗市）人。1920年8月加入上海共产党早期组织领导下的中国社会主义青年团。1921年5月赴莫斯科东方劳动者共产主义大学学习。1922年12月转为中共正式党员。1924年8月回国，担任中国社会主义青年团江浙皖区委委员，任教于上海大学。1925年1月当选为团中央执行委员，任组织部主任。积极领导青年参加五卅爱国运动。5月代理青年团中央总书记，7月任团中央总书记。1927年5月出席中国共产党第五次全国代表大会，在会上和瞿秋白、毛泽东等批评了陈独秀的右倾错误，并当选为中央委员。同月，主持召开共青团第四次全国代表大会，当选团中央总书记。国共合作破裂后，8月7日出席在汉口召开的中共中央紧急会议，积极主张土地革命，在会上当选为临时中央政治局委员。1928年中共六大在莫斯科召开期间，与李维汉、罗登贤留在国内主持中央日常工作，在中共六大上继续当选为中央委员。1928年和1929年，先后两次被捕，受严刑折磨，坚贞不屈，均经组织营救出狱。1930年先后任中共长江局委员、湖北省委书记、武汉市委书记。10月任苏区中央局委员、苏区革命军事委员会委员（次年4月到职）。1931年1月出席中共六届四中全会，当选为中央政治局委员。3月率中共中央代表团赴江西苏区，11月当选为中华苏维埃共和国执行委员，任苏区中央局副书记，兼组织部长及党校校长。1933年任中共湘赣省委书记、湘赣军区政治委员。中央苏区第五次反“围剿”失败后，1934年8月奉命率红六军团撤离湘赣苏区，突围西征，为中共中央和中央红军战略转移探路，任中共中央代表、红六军团军政委员会主席。10月底，到达贵州印江木黄与贺龙率领的红三军会合（会合后红三军恢复红二军团番号），共同开创湘鄂川黔边革命根据地，任红二军团政治委员、中共湘鄂川黔边临时省委书记兼军区政委。1935年11月和贺龙等率红二、红六军团突围长征，1936年6月底在四川甘孜与红四方面军会合。7月，根据中央革命军事委员会的命令，以红二、红六军团及红三十二军组成红二方面军，任政治委员和中共中央西北局副书记，和朱德、刘伯承等一起坚定地拥护已到陕北的中共中央，维护党的团结，同张国焘的分裂行为作斗争，力促红军三大主力胜利会师。11月任中国抗日红军前敌总指挥部政治委员。12月任中央革命军事委员会主席团委员。全国抗日战争爆发后，任中共中央军委前方委员会常委兼秘书长，八路军政治部主任，和朱德、彭德怀等率八路军开赴山西前线抗战。1938年3月，代表中共中央赴莫斯科向共产国际系统地汇报中国抗战形势与中国共产党的工作和任务，阐明以毛泽东为代表的抗日民族统一战线的正确路线，取得了共产国际的理解和支持。1940年3月回国，参加中共中央书记处工作。1941年8月任中共中央秘书长，此后协助毛泽东领导整风和大生产运动，并受中央委托主持《关于若干历史问题的决议》的起草工作。1945年在中共七届一中全会上当选为中央政治局委员、书记处书记。和毛泽东、朱德、刘少奇、周恩来组成以毛泽东为首的中共中央书记处。解放战争时期，和毛泽东、周恩来一起转战陕北，协助毛泽东指挥全国解放战争，制定中国共产党的土地政策和开展土地改革工作。1949年初，指导建立中国新民主主义青年团，被推选为团中央名誉主席。11月赴苏联就医。1950年5月回国，10月27日在北京逝世。主要著作收入《任弼时选集》。

造成大福家世界为我辈青年的希望和责任

——致任思度①

1921年春

父亲大人膝下：

前几天接到四号手谕，方知大人现已到省，身体健康，慰甚。千里得家书，固属喜极，然想到大人来省跋涉的辛苦，不能说是非为衣食的奔走所致，若是，儿心不觉顿寒！捧读之余，泪随之下！连夜不安，寝即梦及我亲，悲愁交集，实不忍言。故儿每夜闲坐更觉无聊。常念大人奔走一世之劳，未稍闲心休养，而家境日趋窘迫，负担日益增加，儿虽时具分劳之心，苦于能力莫及，徒叫奈何。自后儿当努力前图，必使双亲稍得休闲度日，方足遂我一生之愿。但儿常自怨身体小弱，心思愚昧，口无化世之能，身无治事之才，前路亦茫茫多乖变，恐难成望。只以人生之谋幸福，冒险奋勇男儿事，况现今社会存亡生死亦全赖我辈青年将来造成大福家世界，同天共乐，此亦我辈青年人的希望和责任，达此便

① 任思度，又名任裕道，任弼时的父亲。

算成功。惟祷双亲长寿康！来日当可得览大同世界，儿在外面心亦稍安。

北行之举①前虽有变，后已解道他进，前后已出发两次，来电云一路颇称平静，某人十分表欢迎。儿已约定同志十余人今日下午起程，去后当时有信付回。沿途一切既有伴友同行，儿亦自当谨慎，谅不致意外发生，大人尽可勿念过远。既专心去求学，一年几载，并不可奇，一切费用，交涉清楚，只自己努力，想断无变更。至若谋学上海，儿前亦筹此为退步之计，不过均非久安之所，此事既可成功，彼即当作罢论。

昨胜先②妹妹来函云陈宅有北迁之举，不知事可实否？仪芳③读书事，乃儿为终身之谋，前虽函促达泉④大哥，彼对儿无正式答复，可怪！⑤

【品读导航】

1921年5月中旬，任弼时经上海共产党早期组织介绍，即将从上海启程赴苏俄莫斯科留学。5月4日，父亲任思度从长沙来信，劝任弼时“谋学上海”，从长计议。任弼时接到信后，思绪万千，“连夜不安”，给父亲写了这封回信。

在这封信中，任弼时表达了自己的抱负和决心。他对父亲的养育之恩感谢不尽，对父亲此时的矛盾心情表示十分理解。

信中说“千里得家书，固属喜极”，但想到父亲“来省跋涉的辛苦”，

---

① 指赴苏俄留学。
② 胜先，即任胜先，任弼时的堂妹。
③ 仪芳，即陈琮英。当时是任弼时的未婚妻。
④ 达泉，即陈英楷（zhī），陈琮英的哥哥。
⑤ 此信现存手稿迄此为止。

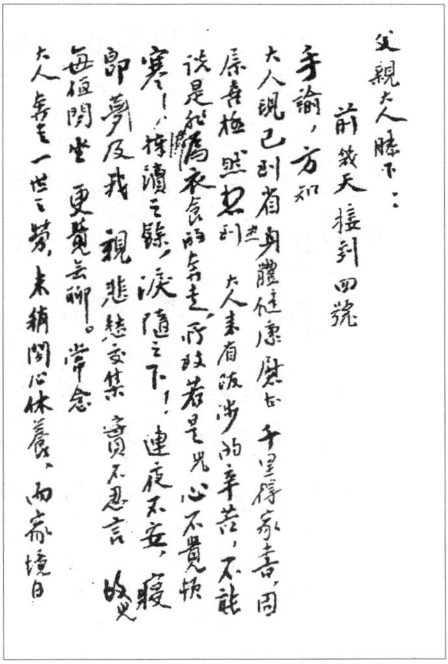

父親大人膝下：

前幾天接到四號

手諭，方知

大人現已到省，身體健康，歷千里得家書，同係喜極然忽到大人未有跋涉的辛苦，不能說是我為衣食的奔走，所致，若是兒心不覺頓寒！！捧讀之餘，淚隨之下！！連夜不安，寢即夢及我 親悲慈容集，實不忍言 故兒每每恒悶坐，更覺無聊。常念大人奔走一世之勞，未稍閒心休養，而家境日

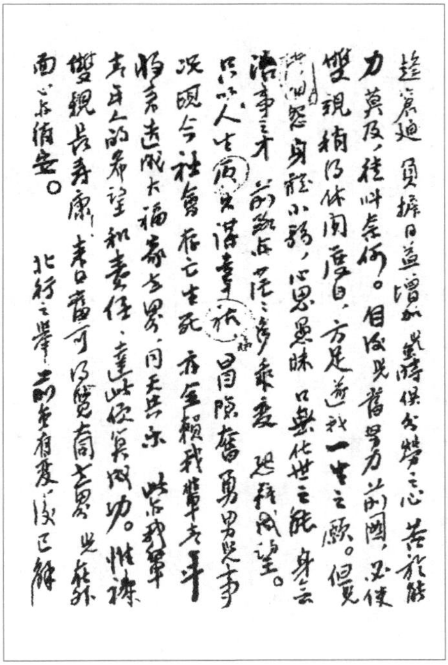

趨窘迫，負擔日益增加，兒雖時保分勞之心，苦於能力莫及，徒叫奈何。目從兒當努力前圖，必使雙親稍得休閒度日，方足遂我一生之願。但兒怒身體小弱，心思愚昧，只無化世之能，身無治事之才，前殺兵荒之際乘處，思難成望。只以人生須出諸奮於冒險奮勇男兒事況現今社會存亡生死，亦全賴我輩青年將來造成大福寄於世界，同天共享，此亦我輩青年人的希望和責任，達此便算成功。惟睞雙親長壽康，來日當可得覺高出世界，兒在外面亦甚安。 北行之舉，前書有度，諒已解

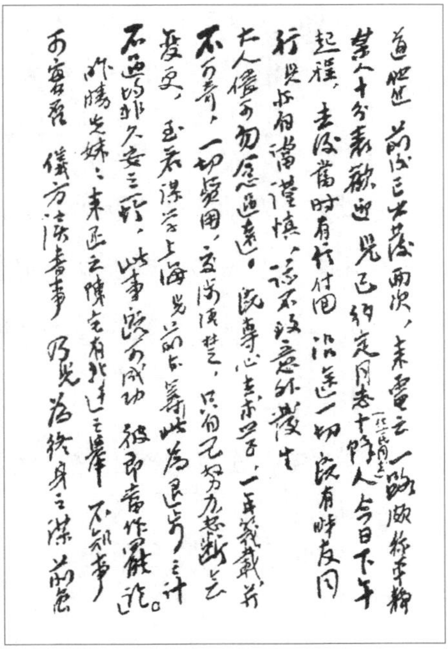

道出。前後已出發兩次，未電云一路敞称平静某人十分熱歡迎，兒已約定同來十餘人今日下午起程，去後當時有信付回。沿途一切決有些友同行，兒亦自當謹慎，諒不致意外發生大人儘可勿慮為遠遠。既尊心去亦四子，一兵幾載前不可青，一切費用，當須清楚，只有已努力想斷云處更，甚若謀於上海兒前亦籌此為良途之計不過的非久安之所，此事從可成功，彼即當作罷論。弟妹來函之陳定有北行之舉，不知事可實否。儀方談看事，以兒為終身之謀，前告

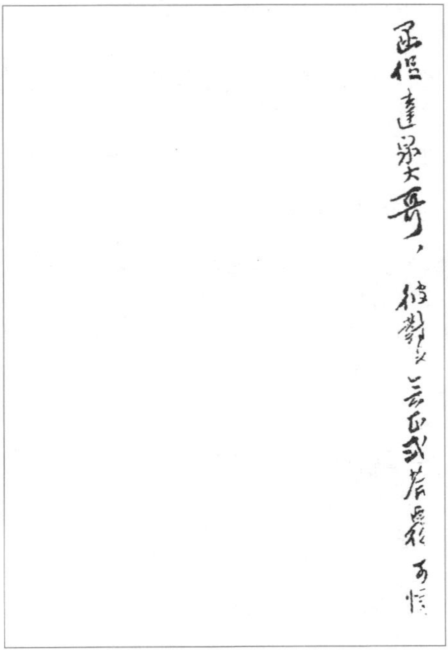

函但達飛大哥，彼對之無成，若處於可惜

“儿心不觉顿寒！”“悲愁交集，实不忍言”，表达了深深的父子之情。“大人奔走一世之劳，未稍闲心休养，而家境日趋窘迫，负担日益增加，儿虽时具分劳之心，苦于能力莫及，徒叫奈何。自后儿当努力前图，必使双亲稍得休闲度日，方足遂我一生之愿”，反映了世事艰难，父母为了家庭生活，实在是不容易，体现了对家境窘迫的担心。

但是，信并没有沉溺在与家人的离愁别绪之中，转而抒写了好男儿志在四方，要为创造同天共乐的大同世界而“冒险奋勇”的豪情壮志：“只以人生之谋幸福，冒险奋勇男儿事，况现今社会存亡生死亦全赖我辈青年将来造成大福家世界，同天共乐，此亦我辈青年人的希望和责任，达此便算成功。”祝愿父母保重身体，以览未来美好的世界：“惟祷双亲长寿康，来日当可得览大同世界，儿在外面心亦稍安。”

信中表明了任弼时此去的决心，对前途充满信心，毫不动摇退却：“既专心去求学，一年几载，并不可奇，一切费用，交涉清楚，只自己努力，想断无变更。”并说明，“至若谋学上海，儿前亦筹此为退步之计，不过均非久安之所，此事既可成功，彼即当作罢论”。

信中还请父亲设法帮助未婚妻陈琮英读书。这件事，任弼时已给陈琮英的哥哥陈英楷写了信，但仍希望父亲对这件事加以督促，因为此事“乃儿为终身之谋”。

5月中旬，任弼时寄出这封信后，就同萧劲光等10余人踏上了奔赴苏联的征程。

建设事业就是要有科学知识

——致任远志[①]

1948年10月6日

远志儿：

你前后来信四次均收到。我们曾寄你一信，并附旧棉衣一套，你是否收到。据瑞华[②]阿姨说，你患泻肚病，不知已经好了没有。甚念！特着邵昌和[③]叔叔来看看你，望详细回信告我们。

你虽然没有插上二年级，这也不要紧，但绝不要因为许多功课已经学过就不用心了。以前对你说过，学习要靠自己努力，要善于掌握时间去学习。你们这辈学成后，主要是用在建设事业上，即是经济和文化的建设事业，需要大批干部去进行。建设事业就是要有科学知识。学好一个工程师或医生，必须先学好数学、物理、化学，此外要学通本国文并学会一国外国文，有了文字的基础，又便利你去学科学。外国文又以学俄文为最好，因为将来帮助中国建设的不是英美而是苏联，许多建设事

---

① 任远志，任弼时的女儿。当时在晋绥解放区上中学。
② 瑞华，即张瑞华，聂荣臻的夫人。
③ 邵昌和，任弼时的警卫员。

业必然要向苏联学习。但如果你们学校将来只有英文，那你只好随着也学习英文，如有英、俄两种文字，你可选学俄文。你说不会把已学的一点俄文忘记，那很好，寒暑假回家时还可以帮助你补学一些。将来进高中或专科大学时，会要以俄文为主修课的。

你妈的身体比你在家时要好些，有时有些头晕痛。我的身体最近又不甚好，因为开了一个时期的会，引起血压又高涨，现正由医生检查，可能要休息一时期。其他尚好，勿念。弟弟已经在本村上学，他读书还算用心，有进步，身体也还算好。远征①妹前天到张阿姨②处打电话来说，身体很好，上月月考成绩平均是八十五分。

送来半磅毛线，你一定要自己打好两双毛袜，以备你自己冬天用。这里不比南方，也没有延安住窑洞那样温暖，要自己好好保重。

祝你努力学习！

你的爸妈

南、英③

十月六日

弟弟问你好。

另外附来你所要的地图、字典及红蓝铅笔各一。又奶粉白糖各两包，听说华明④也生病，奶粉白糖各分一包送给华明。

---

① 远征，即任远征，任弼时的女儿。当时在延安上小学。
② 张阿姨，即张瑞华。
③ 南，即二南，任弼时的号。英，即陈琮英，任弼时的夫人。
④ 华明，即叶华明，叶挺的儿子。当时在晋绥解放区上中学。

【品读导航】

这是1948年10月6日任弼时给女儿任远志的一封信。

1948年10月初，由于工作任务繁重，连续出席中央会议，任弼时患病，体力不支。这时，他又听说在晋绥解放区上中学的女儿任远志和叶挺的儿子叶华明生病。10月6日，任弼时和夫人陈琮英给任远志写了这封信，并派警卫员去看望她。

信中首先问任远志患腹泻病，“不知已经好了没有”。并送去学习所需用的地图、字典和红蓝铅笔。信中说，听说华明也生病，嘱任远志将送去的奶粉、白糖各分一包给华明。

信中对任远志说，你虽然没有插上二年级，这也不要紧，“但绝不要因为许多功课已经学过就不用心了”，希望她不要因此想不通或放松学习。“学习要靠自己努力，要善于掌握时间去学习。你们这辈学成后，主要是用在建设事业上，即是经济和文化的建设事业，需要大批干部去进行。”信中特别强调“建设事业就是要有科学知识”，明确指出学习科学知识的重要性。还说，“学好一个工程师或医生，必须先学好数学、物理、化学，此外要学通本国文并学会一国外国文，有了文字的基础，又便利你去学科学”。信中还就学习俄文、英文等问题谈了他的意见和想法。

这封信反映了病中的任弼时与家人深厚的亲情，这不仅是对任远志、叶华明等的关心，也是对后一代的无微不至的关怀。在解放战争即将胜利、全国政权即将建立的前夕，他已明确意识到建设未来国家的重要任务，意识到学习科学知识对进行经济建设、发展文化事业的重要性，鼓励青年人为建设国家而努力学习科学文化知识，展示了老一辈革命家的远见卓识和高远情怀。

★ 故事分享 ★

劳动带来的崇高

徐霁晗

在地下没有什么光亮的坑道里，煤溜子在隆隆地转动着，眼前流动和旋转的全是黑色。孙少平正是在这样黑暗和艰苦的环境下辛苦地工作着。尽管他十分劳累，但是他义无反顾地要在这个黑煤堆中干下去。

他完全可以在家乡双水村老实地当一个农民，他可以和他哥少安一起办砖厂，赚取更多的财富。然而，他却不愿意如此轻松，他似乎天性情愿去接受劳动带来的沉重与磨难。在《平凡的世界》中，孙少平不是一个寻常的人。他感觉，一个人活得好坏取决于他对劳动的态度，而不在于他职业的贵贱。只要人对劳动有着深刻的理解，他就不会觉得受苦是一种折磨。他觉得，只要懂得劳动带来的苦难，就能感受到劳动所带来的崇高感。人不应该在劳动带来的伤痛中叫苦不迭，他们应该想到，这痛苦不是白受的，这痛苦将使他的身体和他的精神更加强大。通过一番在煤矿血火般的洗礼，他相信，自己经历千辛万苦而酿造出的生活之蜜，肯定比轻而易举拿来的更有滋味。正是在煤矿艰苦的环境和卖命的劳动中，孙少平找到了幸福，找到了亲情，找到了友情。在劳动中，他得到精神上的历练，磨炼了自己的意志，更重要的是，他感受到了劳动所带来的崇高感，不论是什么人，最终还是要崇尚那些能用双手创造生活的劳动者。

劳动，是我们人生中极为重要的一课，只有懂得劳动、热爱劳动，才能幸福地生活。劳动是辛苦的，其中不乏艰辛和苦难，但关键在于你对待苦难的态度。如果你退缩、逃避、放弃，不热爱劳动的你将会变得好吃懒做，在空虚中度过时光。如果你敢于承受，英勇向前，你将会收获很多，不光是物质财富，更多的是精神上的力量。通过劳动，你会发现，你的生活变得充实，并且有意义了。对于你劳动作出的贡献，人们会给予你尊重，这也就让你对劳动产生了无限的崇高感。

学生感言

广大贫苦人民所经历的生活和奋斗的过程，让人有一种脚踏实地的感觉。它蕴含着质朴的情感，在极为平凡的生活中，体现出不平凡的品格。

望你更加努力学习

——致任远芳①

1949年11月11日

亲爱的卡秋莎：

你的近况如何？八月三十日来信和照片均已收到。我们都很高兴，你这学期取得了很好的成绩。

卡秋莎，我们也生活得不错。爸爸有点病，目前正在疗养院治疗，很快就会好的。你的两个姐姐和弟弟都在北京上学。

卡秋莎，中国已经从帝国主义和国民党手中解放出来了！

不久以前，新的人民政府在北京成立了。中国人民今后的任务是恢复和发展工农业，为此，需要许许多多的各种各样的专家和干部。望你更加努力学习，并在苏联完成学业之后，成为一名优秀的专家。

望你常来信！

你的父亲陈林（任弼时）

你的母亲陈松（陈琮英）

一九四九年十一月十一日

---

① 任远芳，任弼时的女儿。当时生活在苏联伊凡诺沃国际儿童院。信首的“卡秋莎”，是她在苏联时使用的俄文名字“卡佳”的爱称。

【品读导航】

任弼时收到了当时生活在苏联伊凡诺沃国际儿童院的女儿任远芳1949年8月30日的来信和照片后，11月11日，他和夫人陈琮英给任远芳写了这封回信。

信中首先对任远芳“这学期取得了很好的成绩”，表示“我们都很高兴”。并怀着十分喜悦的心情告诉女儿：“中国已经从帝国主义和国民党手中解放出来了！”“不久以前，新的人民政府在北京成立了。”应该说，这是感情的真实流露，是对亲人发自内心的倾诉。

为了鼓励女儿努力学习，信中说：“中国人民今后的任务是恢复和发展工农业，为此，需要许许多多的各种各样的专家和干部。”并语重心长地说：“望你更加努力学习，并在苏联完成学业之后，成为一名优秀的专家。”

这封信反映了任弼时对远在异国他乡年纪尚小的女儿的深切关怀，也体现了他对女儿将来能够成为对祖国有用的人的热切厚望。

★ 故事分享 ★

平静地读，平静地写，平静地做

景一馨

匆匆地读完书，一页，又一页，可直到把这洋洋洒洒百万字的巨著翻了又翻，心里似乎也没什么感觉。再看看一些随手摘下的段落，只有种似曾相识、朦朦胧胧的感觉，更不知是第几部、时间、事情、环境等。

我这才意识到自己犯了一个很严重的错误，紧接着想起老师曾让我们抄过的一句话：读书切戒在慌忙。

对文字的印象渐渐在高速发展的故事情节下淡化；而一些细致入微、精彩的段落也并没有被发现——匆匆地读，让我对文字的鉴赏与揣摩几乎为零！大量描写被跳过，最后只剩下一个大而空洞的情节……

读书，急不得！

一急，许多精华的段落就不会被吸收了；一急，文字间的良莠就无法比较了；一急，你所收获的就像一具人体的白森森的骨架一样，他的血液、肢体、肌肉以及灵魂就都被遗弃、掩埋在不起眼的角落了。

读书，就是走进一个大千世界，领悟面面俱到的生活，是需要好好地静下心来，一页一页认真研读的，乃至每一段、每一句、每一个字，它们，都扮演着十分重要的角色，慢慢地品味，才能把这些看似平凡的东西下面真正的可贵之处挖掘出来。

世界上许多事都是这样，必须静下来，静下来，以一颗平静得没有一丝浮躁的心面对它，这样，一些重要的细节才不会被你遗漏。

我忽然想起了《小王子》中那个忙于计算的绅士，忙忙碌碌地算出一堆数字再把它锁在柜子里。之后又是计算……许多人不都是这样吗？赶时间所以不能陪家人，赶工作所以只能睡一小会儿；他们似乎一直在忙碌，冲着你喊“我没时间！”可笑得让人觉得这只是一出闹剧。

所以要时常提醒自己一下，把生活的节奏放慢一点，让心更静一点，去寻找那些被遗忘了的“珍宝”。

学生感言

钻入书中进行思考，分析人物个性，思索人生真理。最开始时真的感到痛苦与麻烦，但我渐渐地爱上了这个过程。

我在这里医治和休养的时间比预定的要短些

——致陈琮英等①

1949年12月24日

亲爱的英和远志并摘告远征及远远：

你们两次寄来的（十二月　号②和十四号的）两批信都收到，不料这样快就能得到你们这样多的信，而且远远也写信来，真使我高兴而快乐极了！

我共给你们写过七封信，打过一次电报，其中有一封是寄的航空信。据来信说，已收到信三封和电报一次，其余四封，则不知何时可到？

你们说过去三封信内说病况的内容太少，而带责备的劝说我不要吃酒，以为没人在旁干涉就可能更会任性吃酒吃烟了。我告诉你们，自到这里医院后，就没同烟酒见过面。这里吃饭是打到房间里吃的，饮食限制得十分严格，酒是一点也不准饮的，连盐油都吃的很少，其目的是在

① 这是任弼时在苏联治病期间写给夫人陈琮英，女儿任远志、任远征及儿子任远远的信。

② 原文如此。

于减少我的体重和尿糖。这种饮食治疗法，确有效果。不到两星期，体重已减了二公斤，人比以前显得清瘦些了，血和尿中糖的定〔含〕量也要减少些，不过没有体重减得这样明显。至于烟，那是很自觉的不吃它，惟不知远志是否还是自觉的不再吃辣椒？

我在医院已有两星期，检查过程大体已告结束，医生们并不详细将病情告诉病人，他们只说主要是高血压病，肝和心脏有些扩大，有些糖尿病。现在每天吃药不少，还打一种针，他们很重视睡眠，因之带安眠性质的药吃的不少，所以睡觉还算是很好。记得在北京时医生督促每天散步，最好睡前洗澡。但这里不主张运动，过去几天内，除吃饭、大小便外，要你整天躺在床上（每天只吃一千五百个热量，只够躺在床上之用）。每星期洗卫生澡一次，早晨则用一种有药的水擦身。

我在这里经过不少有名的大医生诊视，又已吃了不少的药，身体感觉比以前要有精神些，头不那样经常昏痛。总的方面说，是有进步的。血压早晨还在一百九十至一百一十（低压）上下，因为白天少运动，晚间比上述数字稍低一点。脉搏早晨九十多次，晚间八十多次。医生说血压不会恢复常态，但总希望能降到一百七十左右就好。

我在这里医治和休养的时间，可能比预定还要短一些，就是说我能回得比预定时间要早。医生说再有两星期可以出此医院去近郊休养，虽休养时间尚不知，大概也是在一个月到一个半月左右。

这次信对我的医治情况，算比前几次信要说的详细得多了吧！

瑞华[①]同志到我这医院后，也在积极治疗中，据说诊断与北京的差不多，暂时也不必用手术。每天吃药也不少，还在腹部涂上一种药。要她多餐多吃。朱子奇[②]常去为她翻译，故她治病尚无何种困难。我和她见过三次面。

凯丰[③]同志亦于前几天到达我们医院，我还没和他见过面，听说他的情况还好，正在检查中。

从来信中得知家中情况如常，小孩们照例星期六回家，一切如常，只是感觉到少了一点什么，这是很自然的。寒假快到了，会很热闹，但又要设法组织孩子们利用假期学习，希望远志要补习到初中毕业后确实能考进师大附属高中，不要从初中毕业就投考什么预科去着想。远征明年上期如有春季始业的初中班次，则可进这一班；如没有，则设法插进初中一年二级为好，以备将来能顺次进高中和大学。远远就只温习得能赶上原班就可以。

湘赣的消息望继续去打听。

近来还是感觉寂寞，不过比初期要好一些，刘佳武[④]、朱子奇每隔一天来看一次（医生嘱不要每天都来，以免会客太多，妨碍静养），此外还有仲丽、曾涌泉、边章五[⑤]等同志来看看。今天师哲[⑥]等约好来看。

---

① 瑞华，即张瑞华，聂荣臻的夫人。

② 朱子奇，当时是任弼时的秘书。

③ 凯丰，即何凯丰，又名何克全。当时任中共沈阳市委书记。

④ 刘佳武，任弼时赴苏治病的随行医生。

⑤ 仲丽，即朱仲丽，当时中国驻苏联大使王稼祥的夫人。曾涌泉，当时是中国驻苏联大使馆公使衔参赞。边章五，当时是中国驻苏联大使馆武官。

⑥ 师哲，当时任中共中央编译局局长，正随毛泽东在苏联访问。

任岳[1]通过两次电话，因近日外面有流行感冒，不许任何人会客，故她还未能即见面。要待流行病减退后才能来。不过从电话中她说和任湘[2]、叶挺的第二个儿子等都在莫斯科大学读书，学经济，生活也还算可以，身体也算好。项苏云[3]则还在一个预科学校学俄文，尚未正式进学校。

已经交涉好在一月一号由一个女教员送远芳[4]来莫斯科，她们将住在红十字会中央机关（因她们的国际儿童院就是该会中央办的，也亦即是以前的互济会总会）或赁旅馆，则尚未定。

天气已冷，这里不大见太阳。北京想必很冷。这里约在零下四五度，室内温度则在二十度左右，故我在室内白天只穿两件单衣，晚间只盖一毛毯即够。这些穿的盖的吃的用的都由医院供给，自己不仅不用什么钱，而且几乎可以不用自己一点东西。

望你们都要好好注意身体。祝

你们都好

你们的南[5]

十二月廿四日夜

【品读导航】

这是任弼时在苏联治病期间于1949年12月24日写给家人的一封信。

---

① 任岳，任弼时的远方侄女。
② 任湘，任弼时的远方侄子。
③ 项苏云，项英的女儿。
④ 远芳，即任远芳，任弼时的女儿。当时生活在苏联伊凡诺沃国际儿童院。
⑤ 南，即任弼时，任弼时号二南。

任弼时因患高血压等病，1949年12月上旬，到莫斯科治疗。在收到家人两批来信后，12月24日，任弼时给夫人陈琮英，女儿任远志、任远征和儿子任远远写了这封回信。

信中首先说，寄来的两批信都已收到，而且远远也写信来，这样快就收到这样多的信，“真使我高兴而快乐极了！”信中还特别谈了他在莫斯科的生活、治疗情况，“身体感觉比以前要有精神些”，“总的方面说，是有进步的”。

病中的任弼时十分惦念在京的家人，信中写道，寒假快到了，“要设法组织孩子们利用假期学习，希望远志要补习到初中毕业后确实能考进师大附属高中，不要从初中毕业就投考什么预科去着想。远征明年上期如有春季始业的初中班次，则可进这一班；如没有，则设法插进初中一年二级为好，以备将来能顺次进高中和大学。远远就只温习得能赶上原班就可以”。对孩子们的学习一一交代，体现了慈父之爱。

信中还谈到聂荣臻夫人张瑞华及凯丰在莫治病的情况，我国驻苏使馆人员朱仲丽、曾涌泉、边章五以及师哲等来看望的情况，还告诉了叶挺的二儿子和项苏云的学习情况，以及远芳将来莫斯科的消息。

这封信饱含着丰富的情感。在任弼时从莫斯科写的家信中，这是对自己的病情谈得较多的一封。他知道妻子需要得到安慰，儿女们需要疼爱和关心，他希望儿女们好好学习，茁壮成长，惦记着至今还无音信的儿子湘赣，充分体现了他对儿女的想念、爱护和期望。

你最好留在苏联继续学习
——致任远芳

1950年1月20日

亲爱的卡秋莎：

今天（一月二十日）午饭后我一下子收到了你的三封信（一月十三日、十五日、十六日）。你走后，我也给你寄去了两封信，第一封（十四日写的）我想你已经收到了，第二封（十七日写的）你大概明后两天即可收到。

卡秋莎！你在最后一封信里提出了回国的问题。我不懂你为什么产生了这种愿望，我记得，你刚来我这里时曾说过，你不想回国，也根本不想念爸爸和妈妈，可你为什么在我这里暂住一段时间之后就改变了主意呢？

关于回国还是留在苏联这个问题，我还想和你商量一下，然后我们再作决定。

一、回国当然有有利的一面。第一，你作为中国姑娘可以尽快学会中国话，这对你今后来说是非常必要的；第二，你将更多地了解中国人民的生活和斗争，这对你也非常重要；第三，你将和父母以及兄弟姐妹们生活在一起，这对你看来也是需要的。但也有不利的一面，那就是因为你不会讲中国话，你回国后第一年只能学中文，然后才能上学（当然也可以在学校里学中文），你将耽误一年的学习。

二、你如留在苏联学习，这也有好的一面。第一，你不会耽误一年的学习；第二，你大学毕业之后，你不仅完成了高等教育，而且将精通俄语。当然也有不好的一面，就是你无法学会中文，这对你今后来讲是莫大的困难，此外你完全脱离国内的生活。

这就是供你选择的具体情况。我想你最好留在苏联继续学习，完成大学教育，然后带着专业知识回国，这就是你在这里的时候我向你说的。

但这一意见绝不是最后决定，你完全可以自己考虑对你怎样更合适。如果你坚决要回国，并像你在最后一封信中所说的，如果我不带你回国，你将永远哭泣、思念，而且还会影响学习，那我将在莫斯科治疗后带你一起回国。

你接到这封信后，再想一下，然后告诉我你对这一问题的最后决定。

我还不能确切知道什么时候结束治疗，但至少我还要在莫斯科呆一个月。

如果最后决定你回国（就是我同意你回中国），那我将在起程前三天到五天叫你从伊凡诺沃来莫斯科。希望你暂时像平常一样安心好好学习，不要过多地想我，更用不着哭鼻子。

我在这里仍住在疗养院中。因只身一人感到孤寂，已派来一位中国同志和我住在一起，他就是刘佳武叔叔。他就是把你和其他同志从莫斯科送到“巴尔维哈”疗养院，并给你买了书籍和其他物品的那个人，你还记得他吗？

我刚收到你妈妈、姐姐和弟弟的来信。你妈妈讯问你来过我这儿吗？身体怎样？我已给她去了电报，告诉她你在我这儿呆了八天，已经回伊凡诺沃去了。大姐请我代她吻你，二姐给你寄来一张贺年片，弟弟问你身体和学习可好。

所有认识你的疗养院的同事们向你致意并祝你学习好。

再见！

热烈地吻你！

等你的回信！

给你寄上四张照片。

你的爸爸　布林斯基①

1月20日写

1月22日寄

【品读导航】

1950年1月20日，任弼时一次收到在苏联伊凡诺沃国际儿童院学习的女儿任远芳的三封来信，于当日给任远芳写了这封信。因任远芳自幼生活在苏联，任弼时的这封信也是用俄文写的。

在信中，任弼时就任远芳在第三封信中，即1月16日来信中提出的

① 布林斯基，任弼时使用的俄文名字的译音。

回国问题，帮助远芳分析了回国与留在苏联的有利和不利方面，供她选择时考虑。

信中说，如果回国去，第一，你“可以尽快学会中国话，这对你今后来说是非常必要的”，第二，“你将更多地”了解祖国“人民的生活和斗争，这对你也非常重要”，第三，你将和家人“生活在一起，这对你看来也是需要的”。不利的一面，是“第一年只能学中文，然后才能上学”，“将耽误一年的学习时间”。

如果留在苏联，好的一面是：第一，“不会耽误一年的学习”；第二，“你大学毕业之后”，“不仅完成了高等教育，而且将精通俄语”。不好的一面“是你无法学会中文，这对你今后来讲是莫大的困难”，“你完全脱离国内的生活”。

之后，他在信中说明了自己的意见：希望她继续留苏学习，带着专业知识回国参加国家的建设。但他说明：“这一意见绝不是最后决定，你完全可以自己考虑对你怎样更合适。”“如果最后决定你回国”，希望能“像平常一样安心好好学习”。

这封信体现了任弼时对子女既能严格要求，又能平等相待，充分尊重子女的独立人格的教育思想。

★ 故事分享 ★

不要让文化消亡

李青阳

国破山河在，城春草木深。感时花溅泪，恨别鸟惊心。国土被异族侵略，国家在战争中沦陷，这是多么令人愤怒和悲哀！然而文化的消亡更令我感到无奈和悲哀。

《南渡记》中中国军队经过一番顽强的抵抗，最终战败，撤出了北平。经过北平市伪教育局的一番“努力”，学校终于在9月1日开了学。然而学生们却没有领到新的教科书，而是接到了教科书要修改的通知，并得知自己将要学习日语。让我们来看看历史课本被改成了什么样子：1931年9月18日，日军经中国人民邀请，不辞辛苦远涉重洋而来协助成立满洲国，建设王道乐土。作为学过历史的人，我们当然知道9月18日是日军侵入沈阳的日子。国土被日本人侵占，中国学生竟连学习自己民族的语言、了解自己民族历史的权利都没有了。他们都感受到了莫大的悲哀和痛苦。

联想起都德的《最后一课》，小弗郎士直到亡国的那一天，才醒悟过来法语的重要性，但他第二天就要被迫学习异族的语言，这该是多么令他悲哀的呀！中国是四大文明古国之一，但我们对自己的文化却没有起到很好的传承和保护作用。我们有些同学也存在与小弗郎士相似的问题，他们认为语文和历史不重要，在语文和历史课上写其他科目的作业，玩手机，吃零食。小弗郎士幸运在他最终醒悟了过来，但我们还要等待多久才能醒悟过来？文化和历史是属于每个民族的宝贵财富，不要让它在我们手中白白流失。请从现在起重视我们的文化，并把它发扬光大。

学生感言

从小学阅读“校园小说”到初一开始阅读“中外名著”，我完成了一次心灵之路的转变。虽然我只用了两年，但我感觉自己已经走进阅读、走近经典，这一路我感到有无尽的雨滴滋润我的心灵，有无数的葱茏之树清澈我的双眼，又有无限的茂密之花在我的身边盛开。

你也要帮助她学中国话

——致任远远[①]

1950年3月25日

亲爱的远儿：

我已经四个月没有看见过你了，但近日接到你的照片和你寄给我的大果子等，照相片看来，你是比以前长得更大了！恐怕也更加调皮些了。你上次写信说要和我算老账，我记得当我离开北京前一个星期就告诉了你，说明我将去东北休养，哪还有什么老账可算的？假如我走的那天接你回来送我上火车，你在火车站上当着许多人奏起军乐来（哭起来），那又多么不好看呢！所以老账你再不要去算好了。

远儿！我的病好得许多，再有一个半月就要回北京了。而且我回来时，将你的远芳[②]姐姐带回来。她很可能也进你的学校读书。将来你们两姊弟可以同去同回。你看那又是多么的好呵！可是我要先告诉你，你的芳姐姐生长在外国，她十一个月就离开了爸爸妈妈，现在十一岁了。她已在苏联小学四年级毕业，下半年本应该进五年级，但因她不懂中国

① 任远远，任弼时的儿子。当时在北京上小学。
② 远芳，即任远芳，任弼时的女儿。当时生活在苏联伊凡诺沃国际儿童院。

话，回国后要先学习中国文，才能转进中国小学的五年级，所以她只好像娇娇[1]一样到你们学校去学中文。你也要帮助她学中国话，她回家后你必须准备处处帮助她，不能因为她不懂中国话就去欺侮她。我现在除买一架女脚踏车给小姐姐外，另买一架男孩脚踏车给你，可是远芳姐姐还没有车子，你要准备将你现用的车子将来送给芳姐姐作为你们相见的礼物。我想你是会同意，而且一定要这样同意才好，这也是我在事前要向你说明白的。

远！你在寒假期中补习有成绩吗？上学期考试的成绩如何？你觉得自己进步如何？你是很好的听妈妈的话吗？望你下次来信告我。望你好好学习！

你的爸　寄

三月廿五日

【品读导航】

1950年，远在苏联治病疗养的任弼时，收到了已经4个月没有见面的在北京上小学的儿子任远远寄来的照片等，心情十分高兴，于3月25日给任远远写了这封信。

1949年12月上旬，任弼时抵达莫斯科治病，至此时已有数月未见到儿子了。不久前收到儿子的来信，近日又收到儿子寄来的照片，真是喜出望外，一遍又一遍地看，情不自禁地在信中说："照相片看来，你

① 娇娇，即李敏，毛泽东的女儿。当时在北京上小学。

是比以前长得更大了！恐怕也更加调皮些了。”信在开头一段还对远远说，“你上次写信说要和我算老账，我记得当我离开北京前一个星期就告诉了你，说明我将去东北休养，哪还有什么老账可算的？假如我走的那天接你回来送我上火车，你在火车站上当着许多人奏起军乐来（哭起来），那又多么不好看呢！所以老账你再不要去算好了”。耐心地诱导、规劝，表现了父子之间浓浓的情意。

接着，在信中与爱子进行思想交流：“我的病好得许多，再有一个半月就要回北京了。”信中告诉爱子：“我回来时，将你的远芳姐姐带回来。她很可能也进你的学校读书。将来你们两姊弟可以同去同回。”希望远远“要帮助她学中国话，她回家后你必须准备处处帮助她”。信中还说，准备买一辆女脚踏车给小姐姐，另买一辆男孩脚踏车给远远，这样，远芳姐姐还没有车子，因此，劝远远准备将“现用的车子将来送给芳姐姐作为你们相见的礼物”。并说：“我想你是会同意，而且一定要这样同意才好。”

信的最后仔细询问远远，寒假中补习、上学期考试成绩、进步如何等。因急于了解而发问，询问中包含着督促。

从信中可以看出，任弼时对儿子的成长颇为满意，对他的学习和进步颇为重视，对他如何和姐姐友好相处加以耐心细致的指导。这封信体现了老一辈革命家对子女成长细致入微、孜孜不倦的关心，表现了以平等的态度与孩子交流沟通的亲子观，展现了和蔼可亲的长辈形象。

邓小平

（1904.8.22～1997.2.19）

伟大的马克思主义者，伟大的无产阶级革命家、政治家、军事家、外交家，是全党全军全国各族人民公认的享有崇高威望的卓越领导人，久经考验的共产主义战士，中国社会主义改革开放和现代化建设的总设计师，中国特色社会主义道路的开创者，邓小平理论的主要创立者。原名邓希贤，四川广安人。1919年秋考入重庆勤工俭学留法预备学校。1920年夏赴法国勤工俭学。1923年参加旅欧中国共产主义青年团，1924年转为中国共产党党员。1926年初到苏联学习。1927年春回国后，被派往西安冯玉祥部队从事政治工作。7月，改名邓小平。8月7日在武汉参加中共中央紧急会议。1928年到1929年任中共中央秘书长。1929年12月和1930年2月，领导百色起义和龙州起义，创建中国工农红军第七军、第八军和右江、左江革命根据地，任红七军、红八军政委兼前委书记。1931年夏，到中央革命根据地，先后任中共瑞金县委书记、会昌中心县委书记、江西省委宣传部部长。由于拥护毛泽东的正确路线，被当时党内“左”倾领导者撤职。1934年10月参加长征，年底任中央秘书长。1935年1月参加了具有伟大转折意义的遵义会议。后任红一军团政治部副主任、主任。全国抗日战争爆发后，任八路军政治部副主任。1938年1月任八路军一二九师政委，和师长刘伯承率部在华北敌后创建了太行等抗日根据地。1942年9月兼任中共中央太行分局书记。1943年10月代理中共北方局书记，并主持八路军总部的工作。1945年在中共第七次全国代表大会上当选为中央委员。后任晋冀鲁豫中央局书记和晋冀鲁豫军区政委。1946年6月，蒋介石发动全面内战。1947年5月，任中共中央中原局书记。同年6月30日与刘伯承率主力强渡黄河，发起鲁西南战役，揭开了人民解放军对国民党军队的全国性战略进攻的序幕。1948年5月，任中共中央中原局第一书记和中原军区、中原野战军政委。在解放战争的战略决战阶段，担任统一指挥中原野战军、华东野战军的总前委书记，同这两个野战军的领导一起，指挥了淮海战役、渡江战役。1949年3月出席中共七届二中全会，受命兼任华东局第一书记。10月中华人民共和国成立，当选为中央人民政府委员，并任中国人民革命军事委员会委员。随后和刘伯承率部进军大西南，参加领导进军西藏和西藏和平解放的工作。在此期间，任中共中央西南局第一书记、西南军政委员会副主席、西南军区政委。1952年7月任政务院副总理兼财政部部长。1954年任中共中央秘书长、组织部长，还担任国务院副总理、国防委员会副主席。1955年4月在中共七届五中全会上被增选为中央政治局委员。1956年9月在中共八届一中全会上当选为中央政治局常委、中央委员会总书记。1959年任中央军委常委。1956年至1963年，多次赴莫斯科同苏共领导人进行谈判，坚决维护中国共产党独立自主的原则立场。1966年“文化大革命”开始后，他失去一切领导职务，受到错误批评和不公正待遇。1969年，被疏散到江西。1973年3月，恢复国务院副总理职务。1974年4月代表中国政府出席联合国第六届特别会议，在会上系统地阐述了毛泽东关于三个世界划分的理论。1975年1月任中共中央副主席、国务院副总理、中央军委副主席和中国人民解放军总参谋长，主持党、国家和军队的日常工作。针对“文化大革命”造成的严重混乱局面进行全面整顿，但遭到“四人帮”的诬陷，1976年4月又被撤销一切职务。1977年7月中共十届三中全会上恢复了他原来担任的党政军领导职务。1978年3月当选为第五届全国政协主席。他首先推动思想路线的拨乱反正，反对“两个凡是”的错误方针，领导和支持开展关于真理标准问题的大讨论。在1978年12月召开的中共十一届三中全会上，他对中国共产党重新确立解放思想、实事求是的思想路线，把党和国家的工作重点转移到社会主义现代化建设上来，并作出实行改革开放的战略决策起了决定性的作用。经过这次全会，形成了以他为核心的中共第二代领导集体。1981年6月中共十一届六中全会通过由他主持起草的《关于建国以来党的若干历史问题的决议》。在这次全会上，他当选为中央军委主席。1982年9月在中共十二届一中全会上当选为中央政治局常委，在中顾委第一次全体会议上当选为中央顾问委员会主任。1989年11月，在中共十三届五中全会上，辞去中央军委主席职务。1992年初视察中国南方，发表重要谈话，总结改革开放以来的基本经验，从理论上回答了一些重大问题。他坚持解放思想，实事求是，创立和发展了建设有中国特色的社会主义理论。1997年召开的中共第十五次全国代表大会将这一理论概括为邓小平理论，并把它规定为中国共产党的行动指南。1997年2月19日在北京逝世。主要著作收入《邓小平文选》（三卷）等。

你不急于出院，把别的病也治一治
——致卓琳

1976年6月

已批准我们同小孩们同住，在原处。孩子们是否全回，须同他们商量。几天后才动，注意秘密。你既可见到孩子们，就不急于出院，把别的病也治一治。

【品读导航】

2014年是邓小平诞辰110周年。当时，在他的家乡四川广安新建的邓小平缅怀馆里，公开展出了邓小平写给卓琳的一张字条，内容就是上述文字："已批准我们同小孩们同住，在原处。孩子们是否全回，须同他们商量。几天后才动，注意秘密。你既可见到孩子们，就不急于出院，把别的病也治一治。"

这段文字没有抬头没有落款，是一封并非严格意义的"家书"。情况是怎样的呢？

1976年初，邓小平第三次被打倒并撤销了一切职务，被转移到东交民巷17号的老宅子里。这既是一种政治处理，也是一种保护措施。

当时卓琳被安排一起转移，但她眼病复发，十分严重，不得已到301医院住院治疗。邓小平孤身一人，每天只能在屋里转圈散步。到了6月份，他给中央写了一封信，表示一个人太孤单，想回去和孩子们住。两个星期后，这个请求得到了批准。可以回去住，意味着人身安全无忧，意味着与家人不再音讯隔绝。邓小平十分高兴，偷偷地给老伴写了这张纸条。纸条寥寥数语，只有了解当时的历史背景才能体会其间的欣喜、宽慰。

这是邓小平和卓琳一生中为数不多的笔纸往来，家庭的温暖、亲情的支撑，伴随着邓小平度过了人生最低潮。

★ 故事分享 ★

人不可以被打倒

胡雨石

在《平凡的世界》里，孙玉厚一家无疑是双水村十年内乱时期最穷困的一家，全家挤在一孔破窑洞里，吃了上顿没下顿。这样一个家庭却在改革开放之后，变成了全村最有前景的家庭：孙少安当上了“企业家”，孙少平当上了工人，孙兰香成了完全没有农村作风的大学生……这些机遇带来的伟大变更，看似平凡，里面却透出了孙家独有的可贵的品质：稳健、有毅力、坚强、不服输、肯吃苦……

孙少安是一个经历了无数磨砺的时代造就出的最非凡而典型的“农民企业家”，他既能吃苦，又有能力，因为拉砖发财以后，不但没有像普通人那样轻易满足，还用其极其敏锐的眼光看出了其他只会埋头苦干的拉砖人根本不会注意的烧砖行业的前景，加上有一个精明、能干的妻子，瞬间“飞黄腾达”了起来。在扩张砖厂的同时，他却因为请错了师傅而遭到了毁灭性打击，不但没有发展，反而欠了在村里人看来根本还不起的债。在全村的鄙视和嘲笑中，他奇迹般地重新站了起来，虽然经历了挫折，却显示出了前所未有的巨大能量，事业达到了巅峰。相比之下，在我看来，失败或许比成功更有意义，“当失败是不可避免时，失败也是伟大的。”不错，因为失败，才凸显出孙家最宝贵的品质，坚强、倔强、永不言败的特点，使孙少安有了更好的前景。

整部书的高潮，无疑是田晓霞的死。对于年轻的孙少平来说，这无疑是世界上最残酷、最无情的打击，普通人绝对是无法承受的。而孙少平这时表现出的，是超人的坚强与毅力，只用了很短的时间便恢复了正常，击败了苦难。这样的使人“意想不到”的反应，是没有经过真正的思想成长和洗礼的人根本无法做到的。孙家的精神更是不折不扣地体现了出来。

孙玉厚老人留给儿女们的，是世界上最宝贵、最稀罕的东西，是厚道、脚踏实地、坚强、不怕吃苦、倔强，那种让各种失败、苦难在其面前变得微不足道的完美品质。

学生感言

书中人物的精神感受，在阅读中经常不知不觉地流入了我的心里。长征中的自强不息，抗日中的顽强拼搏，草原上的万丈豪情，生活中的默默无闻，所有的这些，不都是我们最值得细细品味和学习的精神吗？

学点本事为国家作贡献
——致孙辈们

1993年1月3日

对中国的责任，我已经交卷了，就看你们的了。我十六岁时还没有你们的文化水平，没有你们那么多的现代知识，是靠自己学，在实际工作中学，自己锻炼出来的，十六七岁就上台演讲。在法国一呆就是五年，那时话都不懂，还不是靠锻炼。你们要学点本事为国家作贡献。大本事没有，小本事、中本事总要靠自己去锻炼。

【品读导航】

1992年12月15日，邓小平从北京家中来到美丽的杭州度假，一直住到1993年元旦过后。当时，他已89岁高龄，但仍然思维活跃，关注国家大事，思考和谋划国家及民族的未来，利用各种场合和机会发表深刻和独到的见解，强调要抓住机遇，加快发展。同时，他已同意中共中央文献研究室着手编辑《邓小平文选》第三卷的报告，积极准备整理自己的思想遗产。1月3日上午，他在住地给孙辈们留下了这段充满感情和期望的文字。

文中，他回顾了自己青少年时代求学成长的历程，尤其是提到旅法五年的艰苦岁月，强调自己的文化知识是“靠自己学、在实际工作中学”和“自己锻炼”得来的，本事也是靠锻炼，“十六七岁就上台演讲”，实际工作锻炼了自己为祖国尽责任的本事。如今，自己可以交卷了，未来要靠年轻的你们，因此“你们要学点本事为国家作贡献”，虽然不一定强求有“大本事”，但一定要在实际工作和磨炼中锻炼出“小本事，中本事”。短短几句话，也可以看作是这位伟大的无产阶级革命家对青少年的政治嘱托。全文语言朴实，语重心长，表达了邓小平强烈的爱国情感和对国家民族的未来满怀希望的拳拳之心。其寄托之重，期望之殷，令人遐思万重。这封短信，首次披露于2004年中央文献出版社出版的《邓小平年谱》（1975—1997）下卷第1358页。

留下这段文字的第二天，邓小平就离开杭州前往上海，春节后返回北京，从5月份开始逐篇审定《邓小平文选》第三卷的文稿整理稿。这是邓小平生命中最后四年期间留下的一部珍贵文稿。

★ 故事分享 ★

定

季北辰

王阳明，我为他一介文官竟能剿灭宁王数十万叛军而称奇，我为他的学生成为各个领域首屈一指的人物而惊叹，也为他的思想流传数百年而不衰，影响着中国乃至世界历史上举足轻重的人物而叫绝。然而，一书读毕，我印象最深的却不是他军事上的才能或政治上的谋略，而是定。

定，“泰山崩于前而不变色”的心定，“淡泊名利，宁静致远”的安定，相信“圣人必可学而至”的坚定。王阳明在我心目中总是一个气定神闲、处变不惊、光明磊落的形象。

身处乱世，王阳明的周围充满了险恶。佞臣当道，乱臣谋反，心中的定力却使他一次次化险为夷。雾气蒙蒙的鄱阳湖上，远远望去，一片白帆与水天融为一体，无边无际。王阳明的手下只有几万拼凑出的军队，而重赏之下，宁王手下异常凶猛的叛军来了，震耳欲聋的爆炸声威慑人心。遮天蔽日的弓箭和碎片隐没了阳光，却震慑不了王阳明。他在鄱阳湖的座船上指挥若定，泰然自若，在劣势中因心定而取胜。终于，他用拼凑的部队打败了宁王的精兵。心定使他处变不惊，用良好的心态打败了对手。

步入官场，他渐渐觉出了官场的险恶与黑暗。阉党专权，大量的官员被贬，他在上疏后，被远谪龙场。他没因名利的得失而消极、沉沦，而是安定下来，自愿讲学，为偏远山区的人们传授知识。而在贬谪的痛苦中，他利用此时的宁静沉思着真理，不因浮华的逝去而悲哀。淡泊名利的安定使他最终迎来了曙光：心即是理。在偏远的无人问津的山区，在荒凉而孤寂的恶劣环境中，他迎来了光明。“文王拘而演周易，仲尼厄而作春秋……”伟人常是在艰难困苦的环境中炼就的，王阳明亦是如此。他在一片寂寞中终于明白了人生的真理，在一无所有之时用自己的定力求索到了向往已久的光明，达到了所求的境界。

如果说为官的他只是使明朝的苟延残喘得以延续，那么他对“成圣”的坚定信念则对中华思想史有着深远的影响。他的一生以成圣为目标，追求真理，追求光明，始终不渝。他的为圣不仅是“独善其身”，还是通过传播光明兼善天下。传播光明的道路是艰辛的。在程朱理学为正统儒学的时代，心学自然不会受到官方的认可。然而，他不在乎官方是否认可，他的目标是让更多的人接近真理。别人以做官为目标，他以传播真理为目标。以他的能力与才学，入阁拜相也不成问题，而他却志不在此。他用人格力量感化那些仍存善心的“恶人”，用过人的智谋，为国家的稳定作出了贡献。他希望看到的是人们心中的良知都苏醒过来，而不是为了官场上的得失。如果人人都能“致良知”，不知世上会少多少杀戮、多少悲剧。因此，王阳明用自己对“人人皆可为圣”的坚定信念，照亮着众人的心路，点燃了人们内心希望的火种。

“定”，是一种心态，一种境界，一种信念。王阳明的“定”，让我看到了一个宁静、安详，心中有定力的王阳明。这样的“定”，造就了中国哲学史上独一无二的王阳明。

学生感言

走进波诡云谲的历史，走近复杂的历史人物，思考民族命运，这是一种智慧的人生。

陈 云

（1905. 6. 13 ~ 1995. 4. 10）

杰出的马克思主义者，伟大的无产阶级革命家、政治家，中国共产党和中华人民共和国卓越领导人，中国社会主义经济建设的开创者和奠基人之一，是以毛泽东同志为核心的党的第一代中央领导集体和以邓小平同志为核心的党的第二代中央领导集体的重要成员。江苏青浦人（现属上海市）。1919年高小毕业后，入上海商务印书馆当学徒、店员。1925年加入中国共产党，开始职业革命家的生涯。至大革命失败后，历任中共江苏青浦县委书记、淞浦特委组织部部长、江苏省委沪宁巡视员、江苏省委常委兼农委书记、上海闸北和法南区委书记、江苏省委书记等职。1931年1月在中共六届四中全会上当选为中央委员，5月任中央特科书记，9月被指定为中共临时中央政治局成员。1932年5月任中共临时中央政治局常委、中华全国总工会党团书记。1933年1月进入中央革命根据地。1934年1月在中共六届五中全会上当选为中央政治局委员、常委，兼白区工作部部长。随后参加长征，任第五军团中央代表、军委纵队政委。在遵义会议上支持毛泽东的正确主张。1935年6月，受中央委派去上海，恢复和开展白区工作。同年赴苏联，向共产国际报告了中国工农红军长征和遵义会议的情况。1937年4月回国，任中共中央驻新疆代表。11月到延安后，任中共中央书记处书记兼中央组织部部长。1944年任中共中央西北局委员、西北财经办事处副主任兼政治部主任。1945年在中共七届一中全会上再次当选为中央政治局委员，8月任中央书记处候补书记。抗战胜利后，参加领导具有重要战略意义的东北解放战争，历任中共中央北满分局书记兼北满军区政委、中共中央东北局常委、副书记兼东北民主联军副政委、中共中央南满分局书记兼辽东军区政委、东北财政经济委员会主任、沈阳军事管制委员会主任等职。1949年10月中华人民共和国成立后，任中央人民政府委员、政务院副总理兼财政经济委员会主任、重工业部部长，主持全国财政经济工作。1950年10月任中共中央书记处书记。1956年在中共八届一中全会上当选为中央委员会副主席和中央政治局常委。20世纪50年代末60年代初，同刘少奇、周恩来、邓小平一道，为调整国民经济采取了一系列正确的措施。后来由于他的一些正确主张被认为右倾而受到冷遇。“文化大革命”中在党内只保留了中央委员的名义，并被下放江西。1972年4月回到北京，参加国务院业务组，协助周恩来领导外贸工作。1975年被选为第四届全国人大常务委员会副委员长。1976年积极参与了粉碎“四人帮”的斗争。1978年12月在中共十一届三中全会上重新当选为中央政治局常委、中央委员会副主席并任中共中央纪律检查委员会第一书记。1979年任国务院副总理、财经委员会主任。在中共十三大后，担任中共中央顾问委员会主任。在中共十四大后，过着离休生活。作为党和国家的主要决策人之一，他为制定和执行以经济建设为中心、坚持四项基本原则、坚持改革开放的党的基本路线，为成功地开创具有中国特色的社会主义事业，作出了重大贡献。1995年4月10日在北京逝世。主要著作收入《陈云文选》（三卷）等。

我认为你应该这样读书

——致陈伟华

1970年12月14日

南[①]：

十二月八日信今天收到。我万分欢喜（不是十分、百分、千分而是万分），你要学习和看书了。咱家五个孩子中数你单纯幼稚。你虽然已开始工作，但还年轻，坚持下去，可以学到一些东西的，不过每天时间有限，要像你哥哥一样，每天挤时间学。

哲学是马列主义根本中的根本。这门科学是观察问题的观点（唯物论）和观察解决问题的办法（辩证法），随时随处都用得到，四卷毛选的文章，都贯彻着唯物论辩证法。

但是学习马列主义、增加革命知识，不能单靠几篇哲学著作。我今天下午收到你信后想了一下，我认为你应该这样学。

1. 订一份参考消息（现在中央规定中学教职员个人都能订），这可以知道世界大势（元元[②]连看了十年了），不知道世界革命的大事件，

① 南，即陈伟华，陈云的二女儿。

② 元元，陈云的儿子陈元。以下提到的曹津生、阿伟、新华、伟兰都是陈云的子女或亲戚。

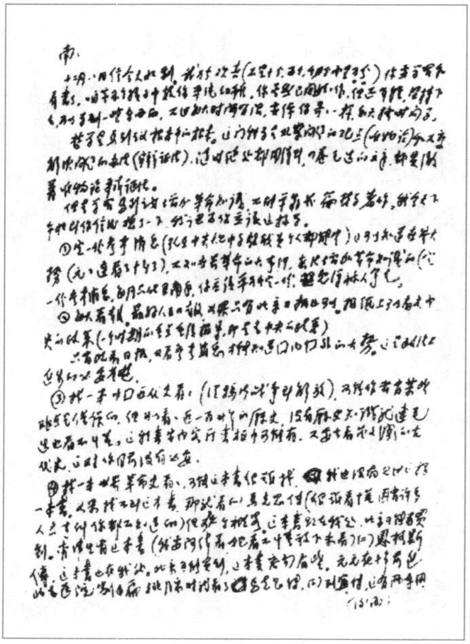

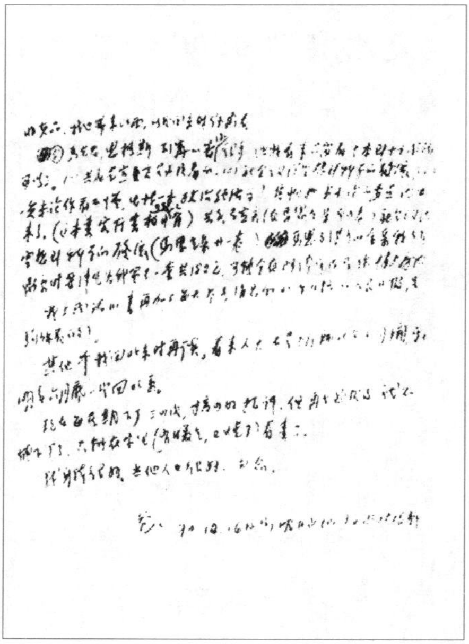

无法增加革命知识的。（订一份参考消息，每月只花五角钱，你应该单独订一份，免得被人拿走。）

2. 每天看报。最好看人民日报，如果只有北京日报也可以。报纸上可以看出中央的政策（一个时期的重点重复报道，即是党中央的政策）。

只有既看日报，又看参考消息，才能知道国内国外的大势。这是政治上进步的必要基础。

3. 找一本中国近代史看看（从鸦片战争到解放），可能作者有某些观点是错误的，但可以看看近一百三十年的历史，没有历史知识就连毛选也看不懂。这种书家内客厅书柜中可能有。不要去看范文澜的古代史，这对你目前没有必要。

4. 找一本世界革命史看看，可能这本书很难找，我也没有见过这样一本书。如果找不到这本书，那就看：（一）马克思传（很难看懂，因有许多人名、事件你都不知道的），但可看一个概略。这本书现在我处，北京可能买到。曹津生有这本书（我要阿伟看，她看不懂放下未看）。（二）恩格斯传这本书也在我处。北京可能买到，这本书容易看些。元元在十年前进北京医院割扁桃腺时就看了马克思传。（三）列宁传，这有两厚册，非卖品，我也带来江西，以后回京时你再看。

5. 马克思、恩格斯、列宁的著作很多，但我看来，只要十本到十五本就可以了。（一）共产党宣言是必须看的。（二）社会主义从空想到科学的发展。（三）资本论你看不懂，先找一本政治经济学，其中已把资本论的要点记出来了（这本书客厅书柜中可能有）。共产党宣言（在马恩全集第四卷），社会主义从空想到科学的发展（马恩全集廿一卷）。马恩列斯的全集，我去年离京时要津生为我买了一套共182元，可能全在阿伟房内或你楼上房内。

我上面说的书再加上每天参考消息和北京日报或人民日报，是够你看的了。

其他等我回北京时再谈。看来人大不是四月开就是七月开，我明年六月底一定回北京。

现在每星期下厂三四次，搞四好总评，但再去几次后，就不能下厂了，只能在家里（有暖气，已烧了）看书了。

我身体很好。其他人也很好。勿念。

爸　爸

70.12.14日写，明日进城拉水时投邮

【品读导航】

这是陈云1970年12月14日写给女儿陈伟华的一封信。

信中给女儿制定了详细的学习计划，开列了学习书目，教育女儿学习马列主义，学习时事，学习历史。体现了陈云在下放江西的困难情况下仍然不放松学习，并且对子女的成长十分关心的伟人胸襟，同时也体现了他高度的党性和马列主义水平。

信尾注明“明日进城拉水时投邮”几个字，既点明当时的环境，又表达了作者身处逆境时的乐观主义精神。全文读来令人感动心酸，让人感受到老一辈革命家的朴实睿智。

★ 故事分享 ★

谈读书

刘泽禹

读书是一个人一生中最重要的一件事。但每个人读完书的效果千差万别：有的人读成了通晓古今的大师；有的人读成了纸上谈兵的书呆子；还有的人读后双眼茫然，不知所云……

为什么会有这么大的差别？那么，书应该怎么读呢？读了《左宗棠》，其中关于左宗棠的读书方法给了我很多启示。

第一，左宗棠认为会读书的人常用的基本方法是："读书时专心致志，领会古人所写的书的精粹与奥妙，进入角色，身临其境，与他们进行思想交流，产生共鸣。而决不可以不求甚解，浮躁轻狂"。左宗棠的一副对联的下半句"读破万卷神交古人"就充分说明了他的观点。宋朝陆九渊《读书》中曾曰："读书切戒在慌忙。"读一本书，最忌讳的便是囫囵吞枣，要把这本书的意思读透才能再看下一本书。反之就有可能不知书中所云为何物，或胡乱套用，这还不如不读。

第二，要学会思考研究所读之书，左宗棠认为如果能做到思考与研究，自然就有心得，就有实实在在的牢靠的收获。孔子也说过："学而不思则罔。"读书而不思考的人会成为一个书上如是说便不假思索而如是做的人，纸上谈兵的赵括就是一个典型的例子。著书的人不是完人，难免会有一些不符合时代潮流或偏颇错误之处，这时候要做到"明辨之”。书中之说难免有不懂之处，要深入研究，做到“审问之”，书中有道理之处更要仔细研究书中为什么这么写，为什么有道理，要做到“慎思之”，这样才能吸取书中精华之处。

第三，要学会学以致用，左宗棠强调“知行合一”，在“左氏宗庙”联语中首句便是“纵读数千卷奇书，无实行不为识字”。《礼记》中提到的“笃行之”，说的就是学以致用，读完一本书而不会将书中的知识、道理用到生活中，那你为什么要读书呢？如果一个人读破万卷而到用时双眼茫然，更不知如何干好一件事情，这样的人比书呆子还可悲啊！

现在的我们学习十分紧张，可用来读书的时间十分宝贵，所以更要提高读书的效率，更好地利用时间。希望我们能够做好前面三点，成为一个能够“议论证据今古，出入经史百子，踔厉风发，率常屈其座人”的人！

学生感言

忙碌，在那些虚浮的欲望中生存，或许只有读书，才算是将灵魂从那凡俗百味中救赎。即使我们不能脱俗，在读书冥想那一刻的灵光闪现中，却可以感受到那样一种精神世界的存在。

凡属有一点疑问都记下
——致陈伟华

1973年8月7日

伟华：

我想用两年时间，再精读一遍毛主席若干著作、马恩选集、列宁选集、斯大林若干著作。

你妈妈、陆琳阿姨也参加，阿伟①、新华②愿参加。津生如愿参加也欢迎。伟兰③功课紧恐难参加，如参加也欢迎。

自己阅读。每星期日上午六时半到九时半集中一起，大家提疑问和发表学习心得。

你能参加最好。当然只能两星期中参加一次（回家时）。另一个星期日自学（在辛营）。

八月十二日星期日是第一次集中讨论，可能那天正在北京家内。

先学哲学。

---

① 阿伟，即陈伟力，陈云的大女儿。
② 新华，陈云的大女婿。
③ 伟兰，陈云的小女儿。

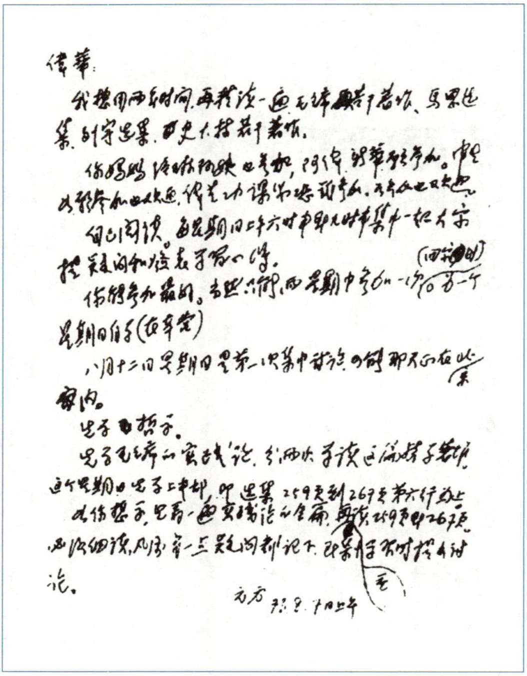

先学毛主席的实践论，分两次学读这篇哲学著作。这个星期日先学上半部，即选集259页到267页第六行为止。

如你想学，先看一遍实践论的全篇，再重读259页到267页。必须细读，凡属有一点疑问都记下，到集中学习时提出讨论。

元　方[①]

73.8.7日上午

【品读导航】

这是陈云1973年8月7日写给女儿陈伟华的信。信中讲到要学习毛泽东的《实践论》及其他哲学著作，希望女儿参加；还详细列出了学习的计划安排，并给予了具体的指导，如先读“259页到267页第六行为止”等等。这封信充分体现了陈云极高的哲学素养和终生不减的学习热情。

对于学习，我们很多人似乎觉得已经不那么重要了，或者认为那是

---

① 元方，陈云下放江西时用的化名。

青年时代的事。陈云等老一辈革命家的马列主义水平和专业能力不可谓不高，但他仍然坚持学习并发动全家学习讨论，这种精神难道不值得我们在新时代继续学习和发扬吗？习近平总书记和党中央一再倡导不断学习和掌握各种社会主义现代化建设的本领，我们应当像老一辈革命家要求子女的那样，静心研读各种著作，苦练基本功。

★ 故事分享 ★

化劣势为优势的智慧

孙　玥

一个是庞大的鲸，一个是瘦小的沙丁鱼，强弱一看便知，然而为何鲸冲上海滩，陷在其中无法动弹，而小沙丁鱼却能在浅水中游刃有余，最终逃生？鲸不辨环境，只顾眼前利益，让优势变成了劣势，而沙丁鱼逃入浅水，将劣势转化为了优势。

其实所谓强与弱，本就不是绝对的，若能懂得适应环境，利用条件，了解自身特点，劣势也能成为优势。相反，不懂得发挥优势，优势也会失去其价值。

这个例子不由让我想到了毛泽东那让人拍手称绝的游击战术：一面是大炮坦克；一面是小米加步枪。力量悬殊的两支队伍交锋，是什么让这支看似不堪一击的游击队连连告捷，取得辉煌战绩？那便是化劣势为优势的智慧。面对敌人的狂轰滥炸，穷追不舍，游击队员们敌退我进，敌追我跑，敌疲我打，以退为进，一步步将敌人引入包围圈。当面对毫不熟悉的地形，敌人纵有再强的装备，再有力的武器又有何用？然而这时，地形便成为了游击队的绝对优势。不但利于藏身，还可击敌人个措手不及。敌军只想着消灭一支支碍眼的游击队，已身处险境还浑然不觉，最后落个死伤惨重、举手投降的结果。这难道和鲸与沙丁鱼的故事没有异曲同工之处吗？

相同的智慧还闪耀在许多身体条件没有优势，但在比赛中却屡屡获胜的运动员身上。NBA有一位名叫博伊金斯的球员，身高还不足1米75。在一群2米以上的庞大球员面前，缺陷暴露无遗。然而就是他，在球队中扮演着举足轻重的角色。虽然他个子矮小，但却因此具有更好的灵活性。巧妙利用这种优势，他可以带球绕过一个个耸立在前的“巨人”，在对手对他严防死守时轻松晃过。而那些高大的球员往往被他引入球场上有防守漏洞的位置，有力使不出，只好无奈地让他在身后轻松将球送入篮筐。这不正是一种化劣势为优势的智慧吗？没有高大的个子，凭借灵活的身手同样可以和对手一决高下。就像那浅水中的沙丁鱼，虽然身体瘦小，但它利用自己能在浅水存活的特点，轻松逃生，而鲸只能无奈陷入海沙，飞快的速度、庞大的身躯一时之间变得毫无意义可言。

很多时候，环境赋予我们的都是看似劣势的优势，关键在于你是否具有发现它的眼睛，利用它的智慧和转化它的能力。鹰虽有横越长空的双翅，却没有雨燕灵活的身姿。优势和劣势并不绝对，优势会在盲目忽视中被埋葬，而劣势却会在智慧中放出光芒。

让我们拥有一点点沙丁鱼的智慧吧，化弱为强，转劣为优，成为生活中真正的强者！

学生感言

弱小并不意味着输，强大不是胜利，如能巧妙利用自己的优势，展现智慧改变命运，知己知彼，百战不殆，转身，又是海阔天空。